목숨 걸 교리 분별하기

목숨 걸 교리 분별하기
교리 차이의 경중 어떻게 볼 것인가

지은이 개빈 오틀런드
옮긴이 이제롬
펴낸이 김종진
초판 발행 2022년 1월 10일
등록번호 제2018-000357호
등록된 곳 서울특별시 강남구 선릉로107길 15, 202호
발행처 개혁된실천사
전화번호 02)6052-9696
이메일 mail@dailylearning.co.kr
웹사이트 www.dailylearning.co.kr

책값은 뒤표지에 있습니다.
ISBN 979-11-89697-42-6 (03230)

Finding the right hills to die on

교리 차이의 경중 어떻게 볼 것인가

목숨 걸
교리
분별하기

개빈 오틀런드 지음 / 이제롬 옮김

개혁된실천사

추천사

～◈～

교리는 하나님의 말씀인 성경의 가르침이다. 교리가 중대한 이유는 성경 전체가 교리를 가르치기 때문이다. 따라서 그 누구도 성경과 교리를 분리시킬 수 없고 교리를 하찮은 것으로 치부할 수 없다. 개빈 오틀런드는 균형 잡힌 이 책에서 이런 교리를 보다 광의적으로 제1, 2, 3, 4순위로 구분하고 복음에 본질적인 교리와 그렇지 않은 교리를 구분한다. 마찬가지로 우리는 교리를 구원에 본질적인 것과 부차적인 것으로 구분할 수 있을 것이다. 오직 믿음으로 말미암는 칭의 교리와 같이 구원에 본질적인 교리에 대해서는 목숨을 걸어야 하겠지만, 성찬의 횟수나 세례의 집례 방식과 같은 부차적인 교리에 대해서는 관용의 자세를 견지해야 할 것이다. 개빈 오틀런드는 이 문제에 관해 모든 그리스도인들이 겸손한 마음으로 우리와 신학적 견해가 다른 사람들을 대면해야 한다고 조언한다. 교리 교육에 대한 관심이 고조되는 시점에 매우 적실하고 중요한 책이다. 나는 이 책을 매사에 싸우기를 좋아하는 엄밀한 교조주의

자들과 동시에 연합이라는 미명하게 진리를 희생시키는 교리무용
론주의자들 모두에게 권하고 싶다. 그러나 이 책은 누구보다도 하
나님의 말씀의 가르침인 교리를 진심으로 사랑하는 사람들을 위한
책이다.

신호섭
고려신학대학원 교의학 교수, 올곧은교회 목사

 흥미롭고 좋은 작업을 한 좋은 저자인 개빈 오틀런드와 좋은 번
역자 이제롬에게 감사를 표해야 한다. 3장을 읽어 보면 왜 커버
넌트 신학교를 나오고(2009) 풀러 신학교에서 올리버 크리습(Oliver
Crisp) 지도하에서 안셀무스에 대한 연구("The Doctrine of Heaven in
Anselm of Canterbury's Proslogion," Ph. D., 2016)를 한 안셀무스 전문가라
할 수 있는 개빈 오틀런드가 이 문제를 가지고 씨름했는지를 실존
적으로 잘 알게 될 것이다. 기본적으로 분파주의와 최소 교리주의
의 문제점을 잘 지적한 1장과 2장에 우리 모두 동의하고, 기독교인
을 기독교인으로 만드는 본질적 교리가 있고, 그렇지 않는 교리가
있다는 데에 우리 같이 동의할 수 있다. 그리고 다 같이 겸손한 태
도를 가져야 한다는 것에 다 같이 동의할 것이다.
 우리를 그리스도인으로 만드는, 우리가 참으로 목술 걸 교리,
이 책이 말하는 1순위 교리를 찾아내기 위해 기본적으로 다음 세
가지를 제안하고자 한다: (1) 사도신경의 내용을 참으로 성경적으
로 믿는가? (2) 이신칭의를 개혁자들이 말한 의미로 참으로 믿는

가? 그리고 이 모든 것을 가능하게 하는 ⑶ 성경을 참으로 정확무오한 하나님의 말씀으로 믿는가? 이것을 믿는 사람들은 누구든지 그리스도 안에서 형제와 자매들이다. 여기에는 루터도 쯔빙글리도 칼빈도 다 속한다. 다양한 청교도들이 모두 다 여기에 속하고, 웨슬리와 휫필드도, 진젠도르프 백작도, 세대주의자들도 이에 속한다. 이것은 폭 넓은 그리스도인들을 다 포괄할 수 있는 가장 기본적 원칙이다. 어떤 의미에서 그것이 "그냥 기독교"(Mere Christianity)이다.

그러나 이것을 믿는 우리가 성경을 계속해서 탐구할 때 여기서 그치지 않고, "나는 이것을 참으로 믿는다"고 고백하고 주장하는 데로 나아가야 한다. 그래서 침례교인은 나는 침례교적 입장을 믿는다고 하고, 장로교인들은 나는 장로교적 입장을 믿는다고 하는 데로 나아가야 한다. 오틀런드도 그것에 반대하지 않는다. 그러나 그들 모두가 위에서 언급한 세 가지를 참으로 믿는 모든 분들이 '하나의 보편적 교회'에 속해 있음을 확실히 인정해야 한다. 이것을 위한 노력의 하나가 오틀런드의 이 책이다. 그러므로 이 책을 읽은 후에 이제부터 나는 그저 목술 걸 교리, 1순위 교리를 믿는 것만 할 것이라고 하면 그것은 오틀런드의 의도를 잘못 읽은 것이 될 것이다. 다같이 이 책을 읽고 우리의 목술 걸 교리를 찾아보고 진정 확신에 차 있으면서도 겸손한 그리스도인이 되도록 하자. 그것이 그리스도인의 마땅한 모습이니 말이다.

이승구
합동신학대학원대학교 조직신학 교수

"너무도 중요한 주제에 관해 잘 쓰여진 시의적절한 책이다. 오틀런드는 기독교 신학자들은 무엇보다 지상명령을 수행해야 하는 종들이라는 사실을 되새기게 해준다. 또한 얼마나 많은 기독교 교육기관들이 복음의 사명에서 멀어져 갔는지 보여준다. 성경은 신학과 목회, 그리고 복음을 위한 책이다. 따라서 그것이 제 모습을 띠려면 이 세 가지는 절대 분리되어서는 안 된다. 나는 이 책을 지체없이 우리 교회의 장로들과 사역팀과 함께 읽을 것이다!"

| J. D. 그리어 (Greear)
| 미국 남침례회 총회장, 써밋교회 목사

"개빈 오틀런드는 성령의 검을 휘두르며 또한 성령의 열매도 나타낼 줄 아는 학자이자 지도자이다. 그는 예수님을 위해 떨쳐 일어설 뿐만 아니라, 그분의 사랑과 거룩함과 사명에 함께 동참한다. 애석하게도 다툼이 끊이지 않는 시대를 살고 있는 우리에게 이 책은 서로 사랑하는 법과 본질적인 교리에 대해 의견 차이가 있을지라도 함께 사명을 감당하는 법을 보여준다. 참으로 지혜가 넘치고 꼭 필요한 책이다."

| 러셀 무어 (Russell Moore)
| 남침례회 윤리 및 종교자유위원회 위원장

"한 마디로 이 책은 중요한 책이다. 개빈 오틀런드는 역사가의 통찰력, 신학자의 정교함, 목회자의 지혜로 교회가 계속되는 교리

적 도전 속에서 바른 길을 찾고, 계속되는 교리적 분열 속에서 치유를 경험할 수 있도록 귀중한 안내서를 집필하였다."

제러드 윌슨 (Jared C. Wilson)
스펄전 대학 목회학 조교수, 미드웨스턴 침례신학교 상임 저자, 『The Imperfect Disciple』의 저자

"하나님께 대한 충성심은 얼마나 많이 싸우느냐에 달려 있다고 생각하는 이들이 있는 것 같다. 개빈 오틀런드의 책은 나에게 진정한 충성심을 보다 더 성경적으로 정의할 수 있는 방법을 알려주었다. 오틀런드는 교회의 모든 논쟁을 종식시킬 수 있는 정답을 갖고 있는 것처럼 행세하지 않는다. 다만 정말 중요한 것과 덜 중요한 것을 구별하지 못하는 것은 그리스도의 사명을 감당하는 데 필수적인 목회적 세심함을 포기하는 것과 같다는 점을 일깨워준다. 예수님께서도 '내가 아직도 너희에게 이를 것이 많으나 지금은 너희가 감당하지 못하리라'고 말씀하셨다. 예수님의 배려와 용기를 가지고 일하는 목사들에게 기다림은 타협이 아니고, 친절은 약함이 아니며, 그리스도의 사명이 우리의 개인적인 승리보다 앞선다. 오틀런드는 이 매혹적이고 도전적인 책을 통해 그리스도께서 전하신 메시지뿐만 아니라 그분께서 일하신 방식에 대해서도 영광을 돌린다."

브라이언 채플 (Bryan Chapell)
그레이스 장로교회 목사

"개빈 오틀런드는 이 놀라운 책에서 오늘날 무엇보다 가장 시급한 필요를 훌륭하게 제시한다. 상황이 악화되거나 분노가 치밀어 오르는 일이 너무도 즉각적인 오늘날 건강한 신학적 관점과 균형은 찾아보기 힘든 것이 되었다. 이 책은 우리의 생각과 동료에 대한 포용력, 그리고 세상을 향한 우리의 증거에 변화를 가져올 수 있을 것이다. 이 책이 더욱 널리 읽히고 깊은 관심을 받기를 기도한다."

샘 올베리 (Sam Allberry)
라비 재커라이어스 국제사역센터 강연자,
『Why Does God Care Who I Sleep With?』와 『7 Myths about Singleness』의 저자

"개빈 오틀런드는 그리스도 안에 있는 형제자매인 우리가 진리를 굳게 수호해야 하는 때는 언제인지, 그리고 요지부동한 선을 그어야 하는 곳은 어디인지 생각하도록 도와준다. 또한 함께 그리스도의 지상명령을 수행해 가며 주님의 교회를 세워 가는 과정에서 서로의 견해 차이에 대해 너그러움과 사랑을 보여야 하는 때는 언제인지 알 수 있도록 도와준다. 우리가 살아가는 이 시대에 정말로 필요한 책이다. 주님께서 우리의 유익과 그분의 영광을 위해 이 책을 사용하시기를 바란다."

대니얼 에이킨 (Daniel L. Akin)
사우스이스턴 침례신학교 총장

"신학적 내분과 타협의 시대인 오늘날 개빈 오틀런드는 지혜를 향한 경종을 울려준다. 그의 조언은 분별력 있고 명확하지만 그것을 받아들인다고 해서 모든 점에 있어서 그의 생각을 따라야 하는 것은 아니다. 이 책은 우리 시대에 중요한 책이다. 이 책은 교회가 하나님의 말씀에 충성하면서 동시에 그리스도인의 '하나 됨'을 지키기 위해 분투할 수 있도록 도움을 준다."

마이클 리브스 (Michael Reeves)
영국 옥스포드의 유니온 신학교 신학과 교수이자 학장

"내가 아는 한 이 책은 이 분야에서 처음 출간되는 책이며 또한 오랫동안 기다려 온 책이다. 개빈 오틀런드는 기독교의 여러 교리들이 갖는 상대적인 중요성에 대해 명쾌하고 평화적이며 매우 논리적인 (성경적인 것인 말할 것도 없고) 관점을 제시함으로써 교회를 위해 큰 기여를 했다. 오늘날 교회 안의 어떤 이들은 교리에 관한 것이라고 하면, 사실상 하나부터 열까지 '목숨'을 바쳐 격렬한 싸움을 벌이기도 하고, 또 어떤 이들은 '하나 됨'이라는 미명 하에 그 어떤 것에 대해서도 '목숨'을 바치려 하지 않는다. 그 두 부류 모두에게, 그리고 그 양 극단 사이에 있는 여러분에게 나는 이렇게 말하고자 한다. '이 책을 읽으시오!'"

샘 스톰스 (Sam Storms)
브리지웨이교회 담임목사

목차

❧

제1부   신학적 선별작업이 필요한 이유

서문

～⚜～

몇 해 전에 내가 굉장히 존경하던 한 노(老) 목사님이 캐나다에서
의 사역을 그만 두고 프랑스의 목회지로 떠나는 모습을 관심 있게
지켜보았다. 이미 어느 정도 불어를 유창하게 구사하던 그분은 프
랑스의 복음주의권 교회들이 수도 적고 규모도 작다는 사실에 마
음이 크게 움직였다. 그래서 많은 이들이 은퇴를 꿈꾸는 나이를 얼
마 남겨두지 않았음에도, 교회들의 필요에 대해 하나님의 부르심
을 느끼고 곧장 그곳으로 떠난 것이다.

한 30개월 정도 지났을 때, 그곳으로 와서 자기들을 도와 달라
고 정중히 초빙했던 바로 그 복음주의 교회들이 그 목사님께 떠나
달라는 요청을 했다.

바로 그 즈음에 나는 슬라브권 국가에 선교사로 파송되어 많은
도움을 주고자 했던 젊은 분을 알게 되었다. 그런데 그분 역시 채 2
년이 안 되어 떠나달라는 요청을 받았다.

첫 번째 분은 그리스도인의 음주를 단호하게 반대하는 북미의

한 교단 출신이었다. 이러한 견해가 도덕적으로 옳다고 믿었던 그분은 그리스도 안에 있는 프랑스의 형제자매들에게 이 입장의 정당성을 설득시키려고 애를 쓰셨다. 하지만 그들의 시각에서는 그목사님의 생각이 틀렸을 뿐만 아니라, 설사 백 번 양보해서 그분이맞다고 하더라도, 그들에게는 사소한 일을 지나치게 침소봉대(針小棒大) 하는 것같이 느껴졌다. 목사님은 양보하지 않았고 그 주제를너무 자주 꺼내 드는 바람에, 이내 그분의 입장은 도저히 받아들일수 없는 것이 되고 말았다.

두 번째 분은 북미의 자유분방한 교단 출신이었는데, 그분의 윤리적 품행(원리라고까지 하기에는 좀 그렇지만) 중에 많은 부분이 그 교단에 바탕을 두고 있었다. 그런데 그리스도 안에 있는 슬라브권 형제자매들은 그분이 너무 해이하고 단정치 못하다고 생각했다. 예컨대 남녀 혼성 수영장에 가는 것을 생각해 보라! 그들은 옷을 훌렁벗어 던지고 맨살을 드러내는 것은 순결과 성결함을 추구하기 위한 그리스도인의 노력을 허물어뜨리는 불신자들의 행위라고 여겼다. 안타깝게도 그분은 그들의 이러한 견해를 그리스도인의 자유를 훼손하는 것으로 받아들였고 이내 캘리포니아로 돌아가라는 요청을 받게 되었다.

개빈 오틀런드는 위의 두 가지 예에서 다룬 내용을 직접 제시하지는 않는다. 요컨대, 상이한 문화권에서 교회적 관습이나 행동 수칙 혹은 의사소통 방법의 차이로 인해 초래되는 어려움에 대해 직접적으로 다루지는 않는다. 그렇지만 이러한 사안들 이면에는 보다 더 큰 쟁점이 자리잡고 있는데, 오틀런드 박사가 이 책에서 깊이 있는 통찰력으로 면밀히 파헤치고자 하는 쟁점은 바로 그것, 즉 신학적 선별작업에 관한 것이다.

내가 알기로 "신학적 선별작업"(theological triage)이라는 표현은 알버트 몰러(Albert Mohler)가 의료계의 부상자 분류작업의 유비에서 가져와 처음 만들어낸 말이다. 끔찍한 사고나 폭력 현장에서는 희생자들을 즉각적으로 처치해줄 수 있는 응급 요원들이 매우 부족할 때가 있다. 그런 경우에는 어떤 희생자를 먼저 집중해서 돌봐야 하는지 결정을 내려야 한다. 심각한 화상을 입은 사람, 다량의 출혈이 있는 사람, 팔다리가 한두 개 부러진 사람 중에 누구를 가장 우선적으로 돌봐야 할 것인가? 초동 선별작업 팀에 이러한 어려운 결정을 내려야 하는 책임이 있는 것이다. 이와 유사하게 신학의 영역에도 다른 것보다 더 중요하고 급박한 신학적 쟁점들이 있으며, 그렇기에 어떻게 하면 한정된 에너지를 가장 잘 배분할 수 있을지 결정해야 할 책임이 있는 그리스도인에게는 자신의 신학적 우선순위(theological priorities)를 어디에 두어야 하는지와 관련하여 경건한 판단을 내리는 훈련이 필요하다.

오틀런드는 자신의 신학적 선별작업에 유용하게 사용할 수 있는 다음 네 단계의 시스템을 개발하였다. (1) 복음에 **본질적인** 교리, (2) 교회의 건강과 실천에 **절박하게 중요하며** 그로 인해 흔히 그리스도인들이 교단을 분리하는 교리, (3) 어느 하나의 신학 분파에는 **중요하나** 분열로 치달을 정도는 아닌 교리, (4) 복음을 증거하고 공동으로 사역하는 데 있어 그다지 **중요하지 않은** 교리.

물론 이러한 도식적인 분류를 멀리하려고 하는 신자들도 있다. 그들이 공언하는 바는, 성경에서 이렇다 말씀하시면 그것은 곧 하나님의 진리이지 상대화할 수 없는 것이며, 하나님의 진리 중에 어떤 것은 더 중요하고 어떤 것은 덜 중요하다고 선언할 수 없다는 것이다. 또 개중에는 "최소공통분모 신학"이라고 부르는 어떤 것에 의지하는 이들도 있다. 그들이 관심을 갖는 질문은 그리스도인이 되기 위해 믿고 따라야 하는 최소한은 무엇인가 하는 점이다. 이와 같은 두 가지 경향 모두 신학적 선별작업을 위한 그 어떠한 시도도 주저 없이 묵살해버릴 것이다.

바로 이 지점에서 오틀런드는 유익한 안내자가 되어 준다. 그는 (더 멀리 갈 것도 없이) 바울이 어떤 교리들은 "가장 중요한 것"(고전 15:3)으로 지목하는 한편, 의견의 차이가 있을 수 있는 믿음의 영역(롬 14:5)도 있다고 한 것을 지적한다. 사도 바울은 다양한 문화적 배경 속에 들어갈 때마다 자신의 청중들을 고려하여 강조점을 자유롭게 약간씩 달리하고 있음을 분명히 알 수 있다(사도행전 13장과 17장의 설교를 비교해 보라. 하나는 회당에서 한 것이고, 하나는 아레오바고에서 한 것이다).

본서의 목표는 그러한 질문들에 대해 분명하게 사고하는 방법을 정립하는 것이다. 구체적인 예에 있어서, 오틀런드는 여러분이 자신의 결론에 전부 동의하기보다는 여러분 스스로가 신학적 선별작업의 중요성에 대해 사고하는 법을 배워 가기를 더욱 바란다. 상이한 문화권에서 의사소통의 어려움과 직면하게 될 때 그 중요성은 특히 더욱 더 부각된다.

부끄러울 것이 없는 일꾼으로서 성경을 겸손하고, 주의 깊고, 신실하고, 지혜롭게 읽고 사용하는 훈련을 하고 싶다면 이 책을 읽고 생각하라.

▌ D. A. 카슨

감사의 말

~~~

이 책을 통해 목표로 했던 것 중에 하나는 지역 교회에 영향을 미치는 실제적인 쟁점들을 세심하게 기록하는 것이었다. 그래서 나는 여러 명의 목사들과 수많은 인터뷰를 진행하여 그들의 목회 현장에서 어떤 교리들이 중요한 역할을 수행하고 있는지를 알아보고자 했다. 이 일에 귀한 식견을 더해준 브래드 앤드류즈, 제러마이어 허트, J. A. 메더스, 벤 버비첵, 사이먼 머피, 한스 크리스텐센에게 감사를 표하고자 한다. 특히 크리스텐센과 머피는 그들이 각각 사역하고 있는 호주와 싱가포르 현지의 모습을 느낄 수 있게 해주는 데 큰 도움이 되었다.

콜린 핸슨과 제프 로빈슨은 이 책을 쓰도록 제안해 주었을 뿐만 아니라 그 과정에 함께 참여해 주었는데, 이에 고마움의 뜻을 전한다. 그렉 스트랜드 역시 유익한 피드백을 제시해 주었고, 저스틴 테일러와 앤디 내설리는 여러 가지 좋은 자료들을 소개해 주었다. 크로스웨이의 팀원들 모두가 언제나처럼 훌륭한 일을 해주었다. 세밀하게 편집에 신경 써준 톰 노타로에게 특별히 감사를 표한다.

들어가는 말

꘎

어디서 들었는지 기억은 안 나지만 이런 옛 말이 있다. "근본주의자들에게는 다툼이 없는 교리가 없고, 자유주의자들에게는 다툼이 날 교리가 없다." 하지만 엄밀히 말하자면, 사려 깊은 자유주의자와 근본주의자에게는 그다지 합당한 말이라 할 수 없다. 그럼에도 우리에게는 이와 같은 두 가지 본성이 있음을 부인할 수 없을 것이다. 대부분의 사람들은 어느 한 쪽 방향으로 치우치는 경향이 있어서 교리에 대해 지나치게 싸우려 들거나 지나치게 관대한 모습을 보인다.

이 책의 의도는 이 양 극단의 중간에서 모두가 기쁘게 받아들일 수 있는 지점을 찾아내고자 하는 것인데, 그곳에서 우리가 지혜와 사랑과 용기를 발휘한다면 파편화된 우리 시대에 교회를 섬기고 복음을 증진시키는 일에 큰 유익이 될 것이다. 다른 말로 하자면 이것은 목숨을 걸고 지킬 만한 교리를 찾아내는 일이다.

앨버트 몰러는 유용한 비유를 사용하여 이러한 생각을 발전시

켰는데, 그것이 바로 '신학적 선별작업'(theological triage)[1]이라는 용어이다. 이는 주로 의료 현장에서 사용되는 용어로서 본질적으로 우선순위를 매기는 일이다. 예를 들어, 전쟁터에 있는 군의관은 부상당한 군인들을 동시에 다 치료할 수 없다. 따라서 어떤 부상을 우선적으로 치료할 것인지를 결정하는 절차를 마련해야만 한다.

신학의 현장에서 선별작업이라는 개념을 사용하는 것은 다음 두 가지를 전제로 하고 있다. 첫째, 교리의 중요도는 제각각 다르다. 목숨을 걸 만한 것도 있고 그렇지 않은 것도 있다. 이는 말 그대로 가장 기본적인 전제이기에 원리적으로든 실제적으로든 이것을 인정하지 않는 이들이 꽤 많다. 이에 대해서는 잠시 후에 더 살펴보자. 둘째, 선별작업은 급박한 필요가 있음을 전제로 한다. 출혈이 심한 사람이 눈앞에 있는 것이 아니라면 부러진 팔을 치료하는데 더 많은 시간을 사용할 수 있을 것이다. 또한 팔이 부러지거나 생명의 위험이 있는 사람이 없다면, 치아가 깨진 사람이나 심한 타박상을 입은 사람에게 더 많은 신경을 쓸 수도 있다. 하지만 상황이 더 복잡해질수록 어려운 결정을 내려야 할 때가 많다.

마찬가지로 지금 당장 영혼이 멸망하고 있지 않고, 우리의 문화가 혼돈과 극도의 분노에 휩쓸릴 지경까지 나빠지는 것으로 보이지 않고, 교회가 너무나 많은 필요들을 갖고 있지 않다면 신학적

---

1 예를 들면, R. Albert Mohler Jr., *e Disappearance of God: Dangerous Beliefs in the New Spiritual Openness* (Colorado Springs: Multnomah, 2009), 1-8을 보라.

선별작업 따위는 때려치우고 모든 교리를 한꺼번에 다 다룰 수 있을지도 모르겠다. 그러나 이 시대의 긴박한 필요들을 고려해 본다면 그리스도를 기쁘시게 하고, 교회를 섬기며, 그분의 복음을 증진시키는 일을 최대한 효과적으로 감당하기 위해 전략적인 우선순위를 정하는 것은 피할 수 없는 일이다.

이제 의료 현장에서 이 선별작업이 얼마나 중요한 것인지에 대해서는 모두가 이해할 것이다. 선별작업을 하지 않으면 어떤 일이 발생할지 한 번 생각해 보라! 누군가의 부러진 팔을 접합해 주고 있을 때 어떤 이는 팔다리를 잃을지도 모른다. 최악의 경우 타박상을 입은 사람에게 붕대를 감아주고 있을 때 어떤 이는 생명을 잃을 수도 있다.

그러나 우리가 신학에 대해서는 동일한 생각을 하지 못하는 경우가 많다. 이따금씩 모든 교리를 도매금으로 처리할 때가 있는데, 이는 매사에 다툼을 일으키고 싶어서이거나 아니면 어떤 일에도 다툼을 일으키고 싶지 않아서이다. 그보다 더 흔한 경우는 신학적 선별작업을 다소 기능적인 측면으로 바라보는 것인데, 하지만 그에 대해 스스로 분명한 인식을 갖고 깊이 있게 생각하지는 않는다. 그 결과 성경과 원리에 근거해 선제적으로 결정하기보다는 처한 상황이나 각자의 기질에 따라 반응하는 방식으로 결정할 뿐이다.

교리를 구분하는 방식은 매우 다양한데,[2] 이 책에서 나는 네 가

---

2 Erik Thoennes, *Life's Biggest Questions: What the Bible Says about the Things That Matter Most*

지 기본적인 범주를 제시한다. 물론 거기서 더 나아가 하위 범주까지 파고들어가 볼 수도 있겠지만, 우선은 출발점으로 이 네 단계의 순위 정도면 도움이 될 것이다.

- 제1 순위의 교리는 복음에 **본질적인** 것이다.
- 제2 순위의 교리는 교회의 건강과 실천에 **절박하게 중요하며** 그것 때문에 지역 교회나 교단, 혹은 사역의 차원에서 그리스도인들이 서로 나뉘는 일이 자주 일어나는 것이다.
- 제3 순위의 교리는 기독교 신학에 **중요하나**, 그리스도인 사이의 나뉨이나 분열을 정당화하기에는 충분치 않은 것이다.
- 제4 순위의 교리는 우리가 복음을 증거하고 공동으로 사역하는 데 있어 **중요하지 않은** 것이다.

이 책에서 나는 예컨대 삼위일체는 제1 순위 교리, 세례는 제

(Wheaton, IL: Crossway, 2011), 35. 이 책에서도 유사한 네 단계의 범주화를 제시한다. "절대적 요소(absolutes)는 기독교 신앙의 핵심이 되는 믿음의 내용을 규정하는 것이다. 확신(convictions)은 핵심적인 내용은 아니지만 교회의 일을 건전하고 효과적으로 해 나가는 데 중요한 영향을 미칠 수 있다. 견해(opinions)는 명확하지 않은 쟁점으로서 일반적으로 그것 때문에 분열에 이를 만한 것은 아니다. 마지막으로 의문(questions)은 현재는 확정되지 않은 쟁점이다." 또 다른 분류에는 교의(dogma), 교리(doctrine), 견해(opinions)가 있다. 이 책에는 유익하면서도 약간은 좀 더 특정한 뉘앙스를 띠고 있는 다음의 네 가지 교리가 나타난다.
1. 교회의 삶에 본질적인 교리는 무엇인가?
2. 교회의 건강을 위해 중요한 교리는 무엇인가?
3. 지역 교회의 실천들을 위해 필요한 교리는 무엇인가?
4. 사변적인 영역에 속하거나 그 때문에 교회가 분열되어서는 안 되는 교리는 무엇인가?

2 순위 교리, 천년 왕국설은 제3 순위 교리라고 생각한다(이에 대해서는 뒤에서 더 살펴볼 것이다). 대체로 제4 순위 범주에 해당하는 것들을 칭하는 옛 헬라어 용어는 '아디아포라'(adiaphora)인데, 이는 문자적으로 "중립적인 것"이라는 의미이다. 루터교와 청교도는 성경에서 명하지도 금하지도 않은 행위나 관점을 구분 짓기 위해 이 용어를 사용했다. 제4 순위에 해당하는 쟁점의 예를 들자면, 예배 중에 악기를 사용하는 문제나 실존하는 천사의 숫자 같은 것 등이 있다. 제4 순위의 쟁점들은 우리 삶에 실천적인 관련이 있을 수도 있고, 지적인 차원의 자극제가 될 수도 있지만, 신학적으로는 중요하지 않다.

물론 모든 것이 이 네 가지 범주에 깔끔하게 딱 들어맞지는 않을 것이다.[3] 하지만 최소한 이것이 기본적인 뼈대의 역할은 할 수 있으며, 그 위에서 우리는 필요에 따라 보다 구체적인 내용과 미묘한 차이점들을 더 만들어 갈 수 있다.

만약 당신이 다음과 같은 의문점들을 놓고 고민해본 적이 있다면 이 책에 관심을 갖게 될 것이다.

• 우리는 어떻게 분부하신 모든 것을 지키라는 그리스도의 명령(마

---

3 나는 다음의 기고문에서 이와 같은 네 단계의 도식적인 구분을 처음 발표했다. "When Should Doctrine Divide?," The Gospel Coalition, August 14, 2017, https://www.the gospel coalition.org/article/when-should-doctrine-divide. 이 책에서 사용된 자료들 중 일부는 이 기고문과 그 이전에 쓴 다음의 기고문을 바탕으로 해서 확장한 것이다. "3 Reflections on Cultivating Theological Poise," The Gospel Coalition, August 10, 2015, https://www.the gospel coalition.org/article/cultivating-an-ethos-of-poise.

29:20)을 어기지 않으면서 교회의 '하나 됨'을 위한 그분의 기도(요 17:21)를 실현시킬 수 있는가?

- 교단이나 계파, 혹은 출신 집단이 다른 그리스도인들과는 어떠한 제휴와 연대관계를 맺는 것이 적절한가?
- 그리스도의 몸 안에 있지만 우리와는 신학적 견해 차이가 심각한 사람들과 교류할 때는 어떻게 행동하고 말하는 것이 가장 도움이 되는가?
- 당신의 교회, 상사, 교단, 기관과 관련하여 개인적인 신념의 차이를 진실하고 투명하게 다루려면 어떻게 해야 하는가?

아니면 다음의 가상 시나리오 중 어느 하나와 관련이 있을 수도 있겠다.

1. 당신은 한 지역 교회에 비교적 최근에 부임한 교역자이다. 그런데 그곳의 회중이 익숙하게 부르는 어떤 찬송에 당신이 거리낌을 갖는 가사가 일부 포함되어 있다. 당신은 그것이 이의를 제기할 만큼 커다란 문제인지, 만약 그렇다면 언제쯤 교회에서 그것을 다루어야 할지, 그리고 그 과정이나 의견수렴 등은 어떻게 해야 할지 등을 고민하고 있다.

2. 당신은 수년간 파라처치 사역에 몸담고 있다. 그런데 고용계약서에 의하면 당신은 매년 그 파라처치 단체와 관계를 맺고 있는 교단의 신앙선언문에 전적으로 동의한다는 뜻을 재확인해야만 한다. 그 신앙선언문에는 당신이 그 일을 맡게 될 때는 충분히 연구

하지 못했던 종말론에 관한 특정 견해가 포함되어 있다. 당시에는 당신이 그것을 지지하는 데 문제가 없었으나, 몇 해가 지나면서 당신은 그 견해에 대해 확신을 갖지 못하게 되었고, 지금은 비록 완전히 입장을 결정한 것은 아니지만 그 견해에서 멀어지고 있다. 그럼에도 혹 반대되는 결론에 이르러 그 일을 잃게 되지는 않을까 하는 두려움에 그 주제에 대해 계속 연구하기도 꺼려진다. 하지만 당신의 양심 속에서는 언제쯤 이 교리에 대한 불편함을 표현해야 할지 고민이 된다. 자신의 입장을 완전히 결정한 후에 해야만 할까? 만약 그렇다면 그 절차는 어떻게 되고, 당신은 어떻게 그 논의를 시작하겠는가?

3. 당신의 지역사회 안의 몇몇 교회들이 예배와 전도 등의 연합 사역을 시작하려 한다. 그런데 당신은 거기에 참여하는 다른 교회들과 신학적으로 매우 다른 관점을 갖고 있어서 양심의 거리낌 없이 그들과 함께 할 수 있을지 고민이다. 이제 당신은 어떻게 하겠는가? 당신의 신념을 타협하지 않으면서도 너그럽고 겸손하게 이 상황에 대처하는 방법에는 어떤 것이 있을까?

4. 당신은 라디오에 나오는 어떤 설교자의 성경 강해를 무척 좋아한다. 그의 설교는 죄를 지적하면서도 동시에 희망을 안겨 준다. 그런데 어느 날 그분이 번영 복음을 강조하는 콘퍼런스에서 강연한다는 사실을 알게 되고, 그때부터 그의 가르침에 그렇게 해석될 수 있는 측면들이 있음을 발견하게 된다. 그의 폭넓은 사역 범위로 인해 그의 설교에 대한 당신의 인식은 어떻게 바뀌겠는가? 그의

가르침이 어느 정도까지 명확하게 번영 복음으로 돌아서야만 당신은 그의 설교를 그만 듣겠는가?

5. 당신에게 진지하게 교제하며 결혼을 생각하는 사람이 있다. 그런데 배우자가 될 사람은 결혼 후 부부의 성 역할의 적절한 표현에 대해 당신과 다른 관점을 가지고 있다. 해당 주제에 대해 신뢰할 만한 다른 그리스도인들과 이야기를 많이 나누었고, 예비 배우자와도 함께 연구해 보았지만 끝내 해결책을 이끌어 내지 못했다. 그렇다면 이제 헤어져야 하는가? 이러한 차이점을 어떻게 생각해야 하는가?

지금까지 이 책을 쓰는 동안 떠올렸던 시나리오들 중의 일부를 살펴봤다. 물론 우리가 목표로 하는 지향점은 이와 같은 일련의 질문에 답하기 위한 "방법론" 그 이상이 되기를 바란다. 즉 우리가 추구하는 바는 실제 다양한 삶과 사역의 현장에서 안내자가 될 수 있는 하나의 신학적 직관의 체계를 제공하는 것이다. 따라서 이 책에서 제시하는 갖가지 사안들은 결코 그것이 전부가 아니며 단지 예시에 불과할 뿐이다.

창조나 세례와 같은 어떤 교리들은 내가 개인적으로 꽤나 고뇌했던 것들이다. 하지만 한 가지 정말로 분명하게 하고 싶은 것은, 이 책의 의도는 이러한 교리에 대해 당신의 생각을 바꾸어 내 견해를 따르게 하려는 것이 아니라는 점이다(진심으로 그렇지 않다). 오히려 내가 말하고자 하는 바는 우리가 신학을 대하는 전체적인 방식,

즉 우리의 신념을 형성하고, 그것을 바탕으로 삶과 사역을 이끌어 가는 그 전체적인 방식이다. 신학적 선별작업이 당신의 삶과 사역 속에서 어떤 역할을 감당할 수 있을지에 대해 당신만의 신념을 형성해 가는 과정에서 이 책이 도움이 되기를 진심으로 바란다.

나의 글은 복음주의 개신교의 관점에 입각해 있고, 내가 사용하는 자료는 특별히 개혁파 전통에서 가져온 것들이다. 그렇지만 여기서 다루는 원리나 주제들은 보다 넓게 적용될 수 있는 것이기에, 다른 전통의 그리스도인들이나 혹은 그리스도인이 아닌 분들도 이 책에서 유익을 얻게 된다면 그 기쁨은 더할 나위 없을 것이다.

한 가지 당부의 말씀을 드리고자 한다. 그리스도인들 사이에 가장 많은 분열을 일으키는 주제는 신학적인 문제 그 자체라기보다는 오히려 문화적 문제, 지혜의 문제, 정치적 문제일 때가 있다. 예를 들면 다음과 같은 것들이다. 그리스도인의 자녀는 공립학교와 사립학교, 혹은 홈스쿨링 중에 어떤 것을 택해야 하는가? 그리스도인은, 만약 그것이 가능하다면, 어떤 상황에서 술을 마실 수 있는가? 혹시 현재 일어나고 있는 정치나 문화적 현상에 대해 언급을 한다면, 교회의 예배 중에는 언제 그리고 어떻게 해야 하는가? 이런 것들은 모두 중요한 질문이지만, 이 책에서는 신학적인 문제에 한정해 초점을 맞추고자 한다.

그리하여 처음 두 장에서는 두 가지 정반대의 오류를 알아봄으로써 교리의 중요성을 생각해 보기 위한 하나의 큰 틀을 제시할 것이다. 그리고 나서 3장에서는 나에 관한 이야기를 조금 나누어 보려고 하는데, 그것을 통해 내가 어떻게 해서 이 주제를 접하게 되었는지, 그리고 나는 왜 그것을 중요하게 생각하는지를 설명하는 데 도움이 될 것이다. 또한 이 장에서부터 구체적인 교리를 살펴보기 시작할 것이다. 그리고 4-6장에서는 몇 가지 특정 교리에 대해 신학적 선별작업을 적용해 볼 것인데, 이로써 서로 다른 사안들을 그 중요도에 따라 순위를 매기는 기준을 만들어 보려고 한다.

제1부
신학적 선별작업이
필요한 이유

1장
교리적 분파주의의
위험성

한 발로 서 있으면 균형을 잃기 쉽다. 두 발로 균형을 잡고 안정적으로 서 있는 것이 가장 견고한 자세이다. 그래서 복싱 선수들이 그토록 풋워크 연습을 많이 하는 것이다.

우리의 신학에도 그와 같은 안정감이 필요하다. 복음은 복합적 성격을 띠고 있다. 그 안에는 진리와 은혜가 함께 들어 있고, 죄의 고발과 위로가 함께 있으며, 날카로운 논리적 측면과 심오한 신비의 측면이 공존한다. 어떨 때는 시원한 바람처럼 상쾌함을 주다가, 어느 순간 따뜻한 한 끼 식사처럼 든든함을 주기도 한다. 따라서 복음에 신실하다는 것은 여러 가지의 덕목을 갖추어야 한다는 뜻이다. 담대히 맞서 싸워야 할 때도 있지만 부드럽게 물어봐야 할 때도 있는 것이고, 명백한 사실을 힘주어 강조해야 할 때도 있지만 미묘한 차이를 파고들어야 할 때도 있는 법이다.

이와 같은 다양한 속성들이 완벽하게 조화를 이루신 분이 바로 예수님이시다. 그분은 "마음이 온유하고 겸손한"(마 11:29) 분이셨지만, 동시에 성전을 정화하고(마 21:12-13) 바리새인들을 힐난하는 일(마 23장)을 두려워하지 않으셨다. 이와는 대조적으로 우리는 대부분 용기와 부드러움 사이에서 어느 한쪽으로 기우는 경향이 있는데, 특히 신학적인 견해 차이에 있어서 더욱 그렇다. 예를 들어, 우리는 신학적으로 명확하게 따지고 드는 일은 본성적으로 잘 하면서도, 분열을 일으키는 것이 얼마나 파괴적인 일인지에 대해서는 둔감할 수 있다. 반대로 우리는 일부 그리스도인들의 행태와 같이, 사랑이 없는 것을 끔찍하게 여기면서도, 교리가 무너져 내리면 어떤 일이 일어날지에 대해서는 깊이 생각하지 못할 수도 있다. 마르틴 루터의 말처럼 "목사들이 실수를 저지르는 두 가지 주된 이유는 바로 관대함과 단호함이다."[1] 그리고 이는 모든 그리스도인도 마찬가지다.

따라서 이번 장에서는 교리적 분파주의의 위험성을 다루고, 다음 장에서는 그 반대편에 있는 교리적 최소주의의 위험성을 다루고자 한다. 교리적 분파주의란 그리스도의 몸을 분열시키는 태도나 믿음, 혹은 실천을 총체적으로 일컫는 말이다. 이러한 교리적 분파주의가 나타나는 이유는 서로 다른 유형의 교리들 사이에서 구분하지 못하기 때문이다. 그러므로 우리가 가장 먼저 해야 할

---

1 Martin Luther, *Luther's Works, vol. 25, Lectures on Romans* (St. Louis: Concordia, 1972), 139.

일은 도대체 어떤 근거 위에서 교리들을 구분할 수 있는지를 묻는 일이다.

모든 교리는 동등하게 만들어졌나?

사람들은 흔히 "하나님이 보시기에 모든 죄는 다 동등하다."라고 말한다. 이러한 주장은 죄의 심각성을 보여주므로 신령한 말이라 할 수 있으며, 또한 그 어떤 죄도 거룩하신 하나님 앞에서 결코 그 책임을 면할 수 없으므로 참으로 옳은 말이다. 일례로 야고보서 2장 10절에서는 "누구든지 온 율법을 지키다가 그 하나를 범하면 모두 범한 자가 되나니"라고 말한다.

그러나 성경을 좀 더 면밀히 살펴보면, 모든 죄가 다 동등하다고 보기 어려운 대목이 많다. 선지자들은 어떤 죄를 다른 죄보다 더욱 흉악한 것으로 취급하기도 했다(렘 16:12; 겔 23:11). 예수님도 "율법의 더 중한 바"(마 23:23)가 있다고 말씀하셨고, 또한 죄의 종류에 따라 그 형벌이 더 크거나 작다고도 말씀하셨다(마 10:15; 눅 12:47-48; 요 19:11). 구약의 율법에는 "부지중에" 저지른 죄와 "고의로" 저지른 죄 등 죄의 종류에 따라 서로 다른 규정이 마련되어 있고(민 15:22-31), 요한일서 5장 16-17절에서는 "사망에 이르는 죄"와 그렇지 않은 죄를 구분하고 있다. 웨스트민스터 소요리문답에서는 "어떤 죄는 그 자체로는 물론이요 또한 거기서 더 악화되는 일이 있기에 하

나님 보시기에 다른 죄보다 더욱 극악하다."고 설명한다.[2]

마찬가지로 "모든 교리가 다 똑같이 중요하다."는 말은 처음 듣기에는 좋은 말 같지만, 성경적인 정당성을 찾기에는 어려운 진술이다. 예컨대 바울은 복음을 "가장 중요한"(고전 15:3) 문제라고 말하면서(이 구절에 대한 한글 개역과 개역개정 성경의 번역은 "먼저"이지만 대부분의 다른 한글 번역 성경들은 이 구절을 "가장 중요한 것"이라고 번역했다.–역자주) 다른 주제에 대해서는 그리스도인들이 견해를 달리할 수 있는 보다 폭 넓은 자유를 주는 경우가 많다. 예를 들어 빌립보서 3장 15절에서는 "만일 어떤 일에 너희가 달리 생각하면 하나님이 이것도 너희에게 나타내시리라"라고 하며, 더 나아가 어떤 사안에 대해서는 그리스도인들에게 남의 "의견을 비판하지 말라"(롬 14:1)고 명령하기도 한다. 심지어 세례와 같은 중요한 주제에 관해서도 바울은 "그리스도께서 나를 보내심은 세례를 베풀게 하려 하심이 아니요 오직 복음을 전하게 하려 하심"(고전 1:17)이라며 복음이 먼저라는 명확한 우선순위를 제시한다.

교리를 이와 같이 구분하는 것이 왜 중요한 일인가? 그 핵심은 무엇인가? 익숙하지 않은 분들을 위해 한 마디로 정리하자면, 모든 교리를 동등하게 취급하면 불필요한 분열을 초래하게 되고 그로 인해 교회의 '하나 됨'이 훼손되기 때문이다.

---

2 *The Westminster Confession of Faith* (Glasgow: Free Presbyterian, 1966), 309 – 10의 소요리문답 83문.

불필요한 분열은 교회의 '하나 됨'을 해한다

역사적으로 개혁파 전통의 신학자들은 교회의 '하나 됨'을 염려하여 본질적인 믿음과 비본질적인 믿음을 구분하는 경우가 자주 있었다. 17세기 저자인 프란시스 튜레틴은 특정한 "본질적 조항들"이 그 외의 것들보다 더 중요하다는 주장을 계속 이어갔다.[3] 그의 표현에 따르면, 어떤 교리들은 "1차적이고 직접적이다. 예컨대 삼위일체나 그리스도의 중보직, 칭의 등이 그러하다." 반면에 어떤 교리들은 "2차적이고 간접적"이며, 오직 앞선 1차적 교리의 결과로서만 나타날 뿐이다.[4] 튜레틴은 또한 교리마다 서로 다른 역할이 있다고도 했다. 믿음을 생겨나게 하는 데 필요한 교리가 있고, 그 믿음을 완성시키고 자라나게 하는 데 필요한 교리들이 있다.[5] 이러한 주장을 뒷받침하기 위해, 그는 히브리서 5장 12-14절에서 젖과 단단한 음식을 구분하는 것에 주목하였다. 단단한 음식은 보다 확립되고 미묘한 차이를 갖는 교리들에 대한 비유이고, 젖은 "하나님의 말씀의 초보"(12절)에 대한 비유라고 보았다.

계속해서 튜레틴은 신학적 오류에도 서로 다른 종류가 있으며, 그 심각성 역시 그에 따라 상응하는 차이가 있다고 주장했다. 예를 들어 어떤 오류들은 교리적 용어나 표현에 관한 오류(이것을 그는 "자

---

3 Francis Turretin, *Institutes of Elenctic Theology*, trans. George Musgrave Giger, ed. James T. Dennison Jr., 3 vols. (Phillipsburg, NJ: P&R, 1992-1997), 1.14.1-27.

4 Turretin, *Institutes*, 1.14.8.

5 Turretin, *Institutes*, 1.14.7.

구적 오류"라고 부름)일 뿐인데 반해, 어떤 것들은 교리 그 자체에 관한 오류(이것을 그는 "실질적 오류"라고 부름)이다.[6] 그뿐 아니라 우리는 교리의 실체에 관해 오류를 범할 수도 있고, 그 형식이나 주변 상황에 관해 오류를 범할 수도 있다. 한 가지 예로, 튜레틴은 어떤 그리스인들(우리가 흔히 동방정교회 교인이라고 부르는 사람들)은 성령님이 나오시는 형식과 관련하여 오류를 범하고 있으나, 그것이 삼위일체 자체나 혹은 성령님의 신성에 대한 오류에 이를 정도는 아니라고 주장한다.[7]

튜레틴은 교리와 오류의 종류를 구분하는 것을 왜 그토록 중요하게 생각했을까? 그가 처해 있었던 상황 속에서 튜레틴은 두 가지 다른 위협을 마주하고 있었다. 첫째, 그는 소시니안주의와 로마 가톨릭이 자기들의 독특한 교리를 믿음의 본질적인 진리라고 주장하는 것에 대해 우려했다. 둘째, 튜레틴은 정통 개신교 전통에 있는 사람들이 비본질적인 교리 때문에 서로 나뉘는 것에 대해서도 염려했다. 다시 말해서 튜레틴은 자신이 거짓 교리라고 생각하는 것들이 믿음의 필수적인 조항으로 승격되는 것뿐만 아니라, 반대로 참되지만 2차적인 교리가 믿음의 필수적인 조항으로 승격되는 것에 대해서도 반대했던 것이다. 튜레틴이 이 두 번째 것을 염려했던 이유는 그로 인해 참된 그리스도인들 사이에 불필요한 분열이

---

6 Turretin, *Institutes*, 1.14.12.
7 Turretin, *Institutes*, 1.14.15.

야기되었기 때문이다. 예를 들어 그는 "루터교에서도 훨씬 더 엄격한 (그래서 우리와 연합하는 것을 더욱 어렵게 만드는) 사람들은 본질적 요소에 해당하는 것을 지나치게 확장함으로써 거의 모든 오류를 이단 사상으로 돌려버렸고, 중립적인 것들조차 본질적인 것으로 만들어 버렸다."[8]라며 그들의 잘못을 지적했다. 이처럼 튜레틴이 비본질적인 교리를 본질적인 위치로 끌어올리는 것에 대해 염려했던 이유는 교회의 '하나 됨'을 생각하는 깊은 마음에서 비롯된 것이라는 사실을 분명히 알 수 있다. 오류를 죄다 이단 사상으로 치부해 버리면 "연합을 어렵게 만드는" 문제가 발생하는 것이다.

개신교 종교개혁자 존 칼빈 역시 비슷한 우려를 표했다. 칼빈은 그의 유명한 저작『기독교강요』에서 참된 교회로부터 "분리하려 드는 변덕스러움"을 잘못된 오류라고 경고했다. 그는 참된 교회의 표지는 "순수한 말씀의 사역과 순전한 성례의 시행"이라고 주장했다. 그는 교회에 이러한 표지가 있다면 "설사 그 밖에 여러 가지 결점이 넘쳐난다 해도 우리는 교회를 부정해서는 안 된다."[9]라고 말했다. 더 나아가 칼빈은 다음과 같이 교회가 이 두 가지의 표지를 행하는 방식에 있어서도 오류가 있을 수 있음을 인정하면서, 그렇다 해도 여전히 참 교회임에는 변함이 없다고 말했다. "교리나 성례를 시행하는 데 있어 어떤 결함이 스며들어올 수도 있지만, 그래도 우

---

8 Turretin, *Institutes*, 1.14.2.

9 John Calvin, *Institutes of the Christian Religion*, ed. John T. McNeill, trans. Ford Lewis Battles, 2 vols. (Louisville: Westminster John Knox, 2006), 4.1.12.

리는 그것 때문에 교회 공동체로부터 떨어져 나가서는 안 된다."[10] 그러면 어떤 교회에서 분리해 나가야 할 정도로 심각한 오류는 무엇인지 어떻게 알 수 있는가? 칼빈은 이 딜레마에 답하기 위해 다음과 같이 1차적인 교리와 2차적인 교리를 구분하는 방안을 제안했다.

참된 교리라고 해서 그것들이 모두 같은 부류는 아니다. 어떤 것들은 반드시 알아야 하는 것으로서 모든 사람에게 신앙의 합당한 원리로서 확실하고 의문의 여지가 없어야 한다. 예컨대, 하나님은 한 분이시다. 그리스도는 하나님이시며 하나님의 아들이시다. 우리의 구원은 하나님의 긍휼에 달려 있다. 교리들 중에는 그밖에 논란이 있지만 믿음의 연합을 깨뜨리지 않는 교리도 있다.[11]

뒷부분에 언급한 부류의 교리, 즉 믿음의 연합을 깨뜨릴 필요는 없는 교리에 대해 칼빈이 예로 들고 있는 것은, 신자의 영혼은 죽어서 하늘로 날아간다고 생각하거나, 영혼이 가는 장소를 명확하게 규정할 수는 없지만 주님께로 가서 사는 것은 인정하는 등 사람들이 서로 다른 견해를 가질 수 있는 것들이다. 칼빈은 빌립보서 3장 15을 인용하면서 그러한 견해 차이가 "무절제한 다툼이나 독단

---

10 Calvin, *Institutes*, 4.1.12.
11 Calvin, *Institutes*, 4.1.12.

적인 완고함"[12]에서 오는 것이 아니라면 분열의 근거가 되어서는 안 된다고 강조한다. 그는 더 나아가 사소한 일에 대한 오류를 너그럽게 용납할 의지가 없다면 교회는 생존할 수 없을 것이라고 단언한다.

> 이러한 비본질적 사안들에 대한 견해 차이로 인해 그리스도인들이 서로 갈라서는 일이 있어서는 결코 안 된다…교회를 하나도 남겨두지 말든지, 아니면 총체적인 신앙에 해를 가하거나 구원을 상실하는 일이 없는 그런 사안에 대해서는 오해를 용인하든지 해야 한다.[13]

칼빈은 분열의 죄에 대해 매우 강하고 상세한 주장을 펼쳤다. 그는 심판의 날까지 교회는 언제나 뒤섞여 불완전하리라는 것과, 그럼에도 분리주의는 대부분 거룩함이 아닌 오만함의 결과라는 것을 강조했다.[14]

교회의 '하나 됨'은 교회의 사명에 필수적이다

칼빈과 튜레틴이 불필요한 분열에 대해 우려를 표했던 바탕에는 교회의 '하나 됨'을 소중하게 여겼던 그들의 사상이 자리잡고 있

---

12 Calvin, *Institutes*, 4.1.12.
13 Calvin, *Institutes*, 4.1.12. Battles는 "오해를 용인하든지"로 번역한 부분을 John Allen은 "실수를 용서하든지"로 번역하였다.
14 Calvin, *Institutes*, 4.1.13 – 22.

다. 오늘날 우리도 이러한 우려를 잊어서는 안 된다. 그러나 어떤 이들은 본성적으로 이것이 교리적 최소주의(doctrinal minimalism)로 흘러가지 않을까 걱정할 것이다. 우리는 "성도에게 단번에 주신 믿음의 도를 위하여 힘써 싸우라"(유 3)는 말씀을 열심히 따르고자 하며, 문화적 압박 속에서 성경의 진리를 흐리는 그 어떤 행위도 경계한다고 말할 것이다. 이는 좋은 태도다. 하지만 동시에 그 반대 방향으로 치닫는 죄 역시 얼마나 파괴적일 수 있는지에 대해서도 세심한 주의를 기울여야만 한다. 교리적 최소주의가 교리적 분파주의보다 필연적으로 혹은 본질적으로 더 파괴적이라는 생각은 잘못된 것이다. 양쪽의 오류 모두 우리의 복음을 약화시킬 수 있다.

교회의 '하나 됨'은 일단 교리를 바로세우고 나서 나중에 가서 추가할 수 있는 선택적 요소가 아니다. 교회가 하나 되는 것은 교회의 정체성과 사명의 근간이다. 예컨대, 초기 신조들에 나타나는 교회의 표지나 속성에는 단일성(one), 거룩성(holy), 보편성(catholic), 사도성(apostolic)의 네 가지가 있는데, 그 중의 하나가 바로 '하나 됨'이다. 그런데 교회가 하나라는 말은 정확히 무엇을 뜻하는가? 또한 그와 같은 단정적인 명제를 교회의 과거 역사와 현실 속에서 우리가 목격한 분열과 분리의 모습에 비추어 볼 때, 우리는 어떻게 그 둘을 조화롭게 이해할 수 있는가?

교회가 하나라고 단언하는 것은 하나님의 백성이 서로 분리된 여러 개의 독자적인 집단으로 존재하지 않음을 단언하는 것이다. 예수님의 신부는 여러 명이 아니다. 그분의 신부는 하나이며, 그

'하나 됨'이 너무도 중요한 일이기에 에베소서 2장 14절에서 바울은 "그는⋯둘로 하나를 만드사 원수 된 것 곧 중간에 막힌 담을 자기 육체로 허시고"라고 말함으로써 예수님이 죽음으로 이루신 속죄의 목적 안에 그 '하나 됨'이 있었음을 말하고 있다. 본문의 맥락 속에서 바울이 뜻한 것은 유대인과 이방인의 연합이었지만, 그의 논점은 그리스도의 몸이 하나 되는 어떤 경우에도 다 적용되는 것이며, 이는 서로 사이가 멀어진 수많은 이방인들 상호 간에도 마찬가지다. "자기 육체로"라는 표현을 주목해 보라. 예수님의 죽으심을 통해 우리가 하나님과 화목을 이루었는데, 동일한 그 죽으심을 통해 우리는 하나님과 화목을 이룬 다른 사람들과도 화목을 이루게 된 것이다. 하나님과 우리 사이에 화평이 있다면, 우리들 서로 간에도 화평이 있다. 우리가 하나 되는 것이 이토록 중요하기에 예수님이 그것을 위해 자신의 피를 흘리신 것이다.

십자가를 소중히 여기는 사람은 교회의 '하나 됨'도 소중히 여겨야 한다. 바울이 고린도 교회 사람들의 분쟁을 꾸짖을 때, 그는 "그리스도께서 어찌 나뉘었느냐 바울이 너희를 위하여 십자가에 못 박혔으냐"(고전 1:13)라고 말함으로써, 그들의 궁극적인 충성의 대상이신 그리스도께서 그들을 위해 죽으셨음을 지적한다.

이뿐만 아니라 교회의 '하나 됨'은 궁극적으로 보다 심오한 하나님의 존재에 기초하고 있다. 에베소서 후반부에서 바울은 다음과 같이 쓴다. "몸이 하나요 성령도 한 분이시니 이와 같이 너희가 부르심의 한 소망 안에서 부르심을 받았느니라 주도 한 분이시요 믿음도 하나요 세례도 하나요 하나님도 한 분이시니 곧 만유의 아버지시라 만유 위에 계시고 만유를 통일하시고 만유 가운데 계시도다"(엡 4:4-6; 고전 1:10-17도 보라). 이 말씀에서 바울이 교회의 '하나 됨'(하나의 몸, 소망, 믿음, 세례)을 삼위 하나님의 하나 되심과 연결 짓고 있음은 놀라운 것이다. 이에 대해 마틴 로이드 존스는 바울이 해당 본문을 이와 같은 구조로 엮은 이유는 아마도 "교회의 '하나 됨'은 삼위 하나님의 완전하심이 나타난 것"[15] 임을 보여주기 위해서였을 것이라고 말했다.

물론 그리스도인의 '하나 됨'을 표현하는 말은 다양하다. 특정 교단에서 안수를 받는다고도 하고, 지역 교회의 교인이 된다고도 하며, 기도회에 참석한다거나 콘퍼런스에서 강의를 한다는 표현을 쓰기도 한다. 보다 느슨한 형태의 협력 관계를 맺기 위해서는 신학의 기준을 더 낮출 수밖에 없다. 어떤 특정한 상황에서 '하나 됨'에 이르는 방법을 안다는 말에는 다양한 측면이 있기 때문에 이 자리에서 모든 의문점을 다 해결할 수는 없다. 하지만 적어도 기본적인 요점 한 가지를 제시한다면, 교회의 '하나 됨'은 교회의 사명을 이루는 데 필수적이라는 점이다.

일례로 우리는 이것을 요한복음 17장 21절에서 보게 된다. 그곳에서 예수님은 그분의 이름을 믿는 사람들이 "다 하나가 되어 아버

---

15 D. Martyn Lloyd-Jones, *Christian Unity: An Exposition of Ephesians 4:1-16* (Grand Rapids, MI: Baker, 1998), 49.

지께서 내 안에, 내가 아버지 안에 있는 것 같이 그들도 우리 안에 있게 하사 세상으로 아버지께서 나를 보내신 것을 믿게 하옵소서"라고 기도하신다. 여기서 그리스도인들 서로 간에 있어야 할 '하나 됨'을 예수님과 아버지 사이의 '하나 됨'과 동일한 것으로 연관시키시는 것은 참으로 놀라운 일이다. 아버지께서 아들 안에 계시고, 또 아들이 아버지 안에 계신 것처럼 예수님을 따르는 우리도 서로 하나가 되라는 부르심을 받은 것이다. 그리고 이 '하나 됨'에 교회의 존재 이유, 곧 "세상으로 아버지께서 나를 보내신 것을 믿게" 하는 일이 달려 있다. 우리는 교회의 '하나 됨' 하면 흔히 내적인 건강, 즉 교회가 찢어지는 일 따위가 없는 것을 생각한다. 물론 그것도 사실이다. 하지만 이 말씀에서 예수님은 한 걸음 더 나아가신다. 교회의 '하나 됨'은 우리의 이웃에게 복음을 증거하는 데 필수적이라고 말씀하시는 것이다.

대개 교회라고 하면 하나 된 모습과는 거리가 멀다는 사실은 딱히 교회사에 대한 전문적인 지식이 없어도 알 수 있다. 개신교 교단의 숫자를 과장되게 부풀리는 일이 심심치 않게 일어나기는 하지만,[16] 그럼에도 파편화된 현실은 부정할 수 없다. 의식 있는 개신교인들은 이 사실에 늘 애통해 왔다. 예를 들어 네덜란드 신학자인

---

16 실제보다 높은 추정치의 한 예로 다음을 보라. "Status of Global Christianity, 2019, in the Context of 1900–2050," https://gordon conwell.edu/center-for-global-christianity/resources/status-of-global-christianity/, accessed August 3, 2019. 추정치가 높게 나오는 이유는 보통 "교단"의 정의를 느슨하게 본 데서 기인한다.

헤르만 바빙크는 "개신교 운동에 수반해 나타난 분파주의는 암울하고 부정적인 현상"[17] 이라고 평가했다. 교회의 보편성(즉 일반성)을 다루는 맥락에서 바빙크는 본질적인 진리와 비본질적인 진리가 구별됨을 인정하는 것이 얼마나 중요한지를 강조했다. 더 나아가 그는 자기가 속한 공동체 밖에도 참된 그리스도인이 있음을 인정하지 못하면 결국 그 공동체의 영적 건강이 훼손될 뿐만 아니라 궁극적으로 그 공동체는 사멸하게 된다고 주장한다.

> 아무리 순수한 교회라 해도 어느 한 교회가 보편 교회와 동일시될 수는 없다. 마찬가지로 하나님의 말씀에 따라 아무리 세밀하게 마련된 신앙고백이라 해도 그것이 기독교의 전체 진리와 동일시될 수는 없다. 자기들의 공동체만을 그리스도의 유일한 교회라고 여기며 자기들에게만 진리가 있다고 배타적인 주장을 하는 분파는 줄기에서 잘려진 가지처럼 말라 죽을 수밖에 없다.[18]

어떻게 그런 일이 일어날 수 있는지는 어렵지 않게 볼 수 있다. 교리 때문에 불필요한 분열이 생기면 교회가 갈라지기도 하고, 같은 지역에서 역사하시는 하나님의 일에 냉담해지게 되며, 다른 단체와 연대하여 사역할 기회를 얻지 못하는 등 교회의 사명에 엄청

---

17 Herman Bavinck, "The Catholicity of Christianity and the Church," trans. John Bolt, *Calvin Theological Journal 27* (1992): 247. 내게 이 글을 소개해준 티모시 폴 존스(Timothy Paul Jones)에게 감사를 전한다.

18 Bavinck, "Catholicity of Christianity and the Church," 250–51.

난 피해를 입히는 결과를 낳는다. 다른 진정한 그리스도인들로부터 철저히 벽을 쌓고 떨어져 지내는 사람은 번성할 수 없다. 그리스도의 몸 안에 있는 우리는 서로가 서로에게 필요한 존재이며, 특히 우리와 다른 성향을 지닌 그리스도인들이 필요한 경우가 제법 있다. 다음의 콜린 핸슨의 말처럼, 우리 자신의 맹점을 보는 것과 하나님께서 다른 그리스도인들에게 주신 은사를 인정하는 일은 보통 함께 간다.

> 다른 사람이나 다른 집단의 잘못을 발견하는 일은 너무도 쉽지만, 우리 안에 있는 한계를 보는 것은 참으로 어려운 일이다. 그렇지만 자기 자신과 자신이 존경하는 대상에게도 결점이 있음을 깨닫지 못하면, 하나님이 다른 그리스도인들에게도 은사를 베푸셨음을 인정할 수 없을 것이다. 그러한 깨달음이 있을 때 비로소 우리는 빠르게 변화하는 이 시대의 어려움들을 마주할 수 있게 된다.[19]

교회의 '하나 됨'을 추구한다는 것이 신학을 신경 쓰지 말아야 한다는 뜻은 아니다. 다만 신학에 대한 사랑이 실재하는 사람에 대한 사랑을 넘어서는 안 된다는 말이다. 따라서 우리는 신학적 견해 차이 가운데서도 사람을 사랑하는 법을 배워야만 하는 것이다. 스펄전은 죠지 허버트(George Herbert)에 대해 다음과 같이 설명했다.

---

19 Collin Hansen, *Blind Spots: Becoming a Courageous, Compassionate, and Commissioned Church* (Wheaton, IL: Crossway, 2015), 26.

하나님의 영이 계신 곳에는 사랑이 있어야만 한다. 또한 그리스도 예수 안에서 나의 형제라고 인정하는 사람이 있다면, 그리스도의 사랑 안에서 나는 그를 더 이상 낯선 사람이나 외인이 아닌 성도와 함께하는 천국의 시민으로 생각해야 한다. 지금의 나는 내 영혼이 사탄을 증오하듯 고교회주의(High Churchism)를 증오하지만, 그럼에도 나는 극단적 고교회주의자인 죠지 허버트를 사랑한다. 그의 고교회주의는 싫지만 내 영혼은 죠지 허버트를 사랑하며, 그와 같은 생각을 하는 모든 이에 대해서도 나는 마음 한 켠에 따뜻함을 간직하고 있다. 만일 예수님을 죠지 허버트만큼 사랑하는 사람이 있다면 내가 그를 사랑해야 할지 자문하지 않을 것이다. 그것은 의문의 여지가 없는 일이다. 왜냐하면 내게는 다른 선택지가 없기 때문이다. 내 자신이 예수 그리스도를 사랑하지 않을 수 없는 한 그분을 사랑하는 사람을 나도 사랑하지 않을 수 없기 때문이다…만약 당신이 예수 그리스도를 조금이라도 사랑한다면 나는 당신이 그분의 백성을 고르거나 선택하려 드는 것을 인정하지 않을 것이다.[20]

우리는 참된 그리스도인 한 사람 한 사람을 향해 "마음 한 켠에 따뜻함"을 간직하고 있는가? 설사 이런저런 사안에 대해 나와 견해 차이가 심한 형제나 자매라 할지라도 그렇게 할 수 있는가? 스펄전

---

20 Charles Spurgeon, sermon 668, "Unity in Christ," in *The Complete Works of C. H. Spurgeon*, vol. 12, Sermons 668 to 727 (Cleveland, OH: Pilgrim, 2013).

은 만일 우리가 예수님을 사랑한다면 그분의 모든 백성을 사랑하고 품어야만 한다고 일깨워준다. 그의 표현을 빌자면, 그리스도의 백성을 사랑하지 않는 것은 그리스도를 사랑하지 않는 일이다.

그러나 모든 그리스도인을 사랑하는 것은 쉬운 일이 아니다! 분명히 당신을 거슬리게 하는 사람도 있을 것이고, 당신이 보기에 굉장히 우려스러운 믿음과 행실을 보이는 그리스도인도 있을 것이다 (스펄전이 허버트의 고교회주의를 "증오"했던 것을 생각해 보라). 그럼에도 우리는 그리스도의 몸 안에 있는 다른 지체들을 감정적으로 밀쳐내서는 안 된다. 그리스도를 사랑한다면 그분의 백성 또한 사랑해야만 한다.

여기서 다시 한 번 이러한 사랑은 궁극적으로 모두가 한 교회의 교인이 되는 결과로 이어지지 않을 수도 있음을 생각해야 한다. '하나 됨'을 표현하는 방법은 여러 가지다. 그리고 교회의 분열을 치유하는 것은 간단한 일이 아니다. 예를 들어 실제적인 상처가 있었다면 그것을 드러내어 그에 대한 책임을 물어야 할 필요가 있기 때문이다. 하지만 최소한 우리의 마음자세에서부터 시작해볼 수 있을 것이다. 우리는 '하나 됨'을 원하고 있는가? 예수님이 그 '하나 됨'을 소중히 여기시는 만큼 우리도 그것을 소중히 여기는가? 다음과 같이 기도하면 좋을 것이다.

주님, 다른 그리스도인들을 향해 "마음 한 켠에 따뜻함"을 주시옵소서. 특히 그들을 거부하고 멸시하고 싶은 유혹에 빠지지 않게 하옵소서. 주님의 교회 안에 있는 모든 분열을 제가 다 해결할 수 없음을 잘 압니다. 하지만 주님의 신부가 '하나 됨'을 바라보며 힘써 나아가고, 그 영광을 드러내기 위해 이제 제 자신이 해야 할 일이 무엇인지 보여 주시옵소서.

예수님께서 우리가 실패한 일에 은혜를 베푸시고 앞으로 나아가야 할 방향을 알게 하실 것이다.

중요하지 않은 교리에 대해 다투는 것은 교회의 경건을 해치는 일이다

여기서 조금 더 나아가야 한다. 교리적 분파주의는 교회의 '하나 됨'과 사명뿐만이 아니라 교회의 거룩함에도 해를 입힌다. 일례로 바울이 목회서신에서 교리의 우선순위를 세우고 있는 것을 생각해 보라. 바울은 서신서들을 통해 디모데와 디도에게 신화와 족보, 기타 사변적인 주제에 관해 어떤 이들이 일으키는 어리석은 변론에 관여하지 말 것을 계속해서 경고하고 있다. 바울의 이러한 권면은 대개 그들이 섬기고 있는 교회의 경건이 지켜지기를 바라는 마음에서 나온다는 사실은 참으로 놀라운 것이다. 아래의 여러 본문에서 바울이 표명하고 있는 우려를 살펴보라.

- "내가 마게도냐로 갈 때에 너를 권하여 에베소에 머물라 한 것은 어떤 사람들을 명하여 다른 교훈을 가르치지 말며 신화와 끝없는 족보에 몰두하지 말게 하려 함이라 이런 것은 믿음 안에 있는 하나님

의 경륜을 이룸보다 도리어 변론을 내는 것이라"(딤전 1:3-4).

- "망령되고 허탄한 신화를 버리고 경건에 이르도록 네 자신을 연단
하라"(딤전 4:7).

- "그는 교만하여 아무 것도 알지 못하고 변론과 언쟁을 좋아하는 자
니 이로써 투기와 분쟁과 비방과 악한 생각이 나며 마음이 부패하
여지고 진리를 잃어 버려 경건을 이익의 방도로 생각하는 자들의
다툼이 일어나느니라"(딤전 6:4-5).

- "디모데야 망령되고 헛된 말과 거짓된 지식의 반론을 피함으로 네
게 부탁한 것을 지키라 이것을 따르는 사람들이 있어 믿음에서 벗
어났느니라 은혜가 너희와 함께 있을지어다"(딤전 6:20-21).

- "너는 그들로 이 일을 기억하게 하여 말다툼을 하지 말라고 하나님
앞에서 엄히 명하라 이는 유익이 하나도 없고 도리어 듣는 자들을
망하게 함이라"(딤후 2:14).

- "망령되고 헛된 말을 버리라 그들은 경건하지 아니함에 점점 나아
가나니"(딤후 2:16).

- "어리석고 무식한 변론을 버리라 이에서 다툼이 나는 줄 앎이라"(딤
후 2:23).

- "때가 이르리니 사람이 바른 교훈을 받지 아니하며 귀가 가려워서
자기의 사욕을 따를 스승을 많이 두고 또 그 귀를 진리에서 돌이켜
허탄한 이야기를 따르리라"(딤후 4:3-4).

- "네가 그들을 엄히 꾸짖으라 이는 그들로 하여금 믿음을 온전하게
하고 유대인의 허탄한 이야기와 진리를 배반하는 사람들의 명령을

따르지 않게 하려 함이라"(딛 1:13-14).

- "그러나 어리석은 변론과 족보 이야기와 분쟁과 율법에 대한 다툼
  은 피하라 이것은 무익한 것이요 헛된 것이니라"(딛 3:9).

바울의 편지만으로는 디모데가 에베소에서, 혹은 디도가 그레
데에서 직면했던 거짓 가르침들의 성격을 정확히 알 수는 없다. 다
만 두 경우 모두 어떤 신화와 족보에 관계된 것인 듯하고, 지극히
사변적이고 쓸모없는 논쟁인 듯하며(그러한 견해를 "망령"되고 "허탄"하
다고 칭했다), 다툼과 분쟁을 일으키는 것이었던 듯하다. 바울은 디
도와 디모데에게 이러한 논쟁을 가까이 하지 말라고 여러 차례 명
했는데, 왜냐하면 그러한 것들은 경건의 열매를 맺지 못하기 때문
이다.

오늘날 우리가 직면한 위기는 디모데와 디도가 직면했던 것들
과는 다르다. 하지만 우리 모두 경건을 신장시키기보다는 다툼과
쓸모없는 사변만 양산하는 신학적 논쟁을 목격한 (혹은 거기에 참여한)
적이 분명히 있을 것이다. 따라서 우리는 위의 여러 본문에서 바울
이 제시하고 있는 복음의 우선순위와 함께 경건을 향한 그의 목회
적 고뇌에 대해 우리 스스로 끊임없이 되새겨야 할 것이다. 우리
에게 있어 신학의 목적은 "청결한 마음과 선한 양심과 거짓이 없는
믿음"(딤전 1:5)이다. 따라서 이러한 목표와 상관없는 신학적 논쟁은
피해야 한다. 케빈 드영은 동일한 본문 말씀에 주목하며 이렇게 말
했다. "우리는 사변적이고(성경을 넘어서는 것), 쓸모없고(유익을 위해서

라기보다는 옳고 그름에 관한 것), 끝도 없고(정답을 찾는 것은 가능하지도 않고 바람직하지도 않은 것), 필요도 없는(그저 의미론에 불과한 것) 신학적 언쟁을 멀리해야 한다."[21]

신학적 언쟁으로 인해 교회의 거룩함이 해를 입는 경우를 한 가지 들자면 그리스도인들 사이에 사랑이 가로막히는 것이다. 리차드 백스터는 자신의 대표 저작인 『교회 분열의 치료제』(*The Cure for Church Divisions*)에서 "사탄이 인간을 멸망시키는 길이 하나뿐이라고 생각하는 것은 위험한 착각이다. 지옥으로 향하는 길은 다양하며, 그만큼 사랑을 소멸하는 길도 다양하다."[22]라며 우리에게 주의를 준다. 이어서 백스터는 지나치게 엄격하고 잘못을 지적하기만 하는 태도는 사탄이 그리스도인들의 사랑을 가로막기 위해 사용하는 주된 도구 중의 하나라고 말한다.

사탄은 어떤 형태로든 엄격함을 가장하여 사랑을 억누르려 할 것이다. 만일 당신이 사람들의 사랑을 소멸시키고 교회의 분열을 가져올 뿐인 고도로 엄격한 잣대나 정확한 교회, 혹은 엄격한 예배를 만들어 내고자 한다면, 사탄이 당신을 도와 그 누구보다도 가장 엄격하고 정확한 조력자가 되어줄 것이다. 사탄은 그리스도를 안식일을 어기는

---

21 Kevin DeYoung, "Where and How Do We Draw the Line?," *Tabletalk* 36, no. 7 (July 2012): 14.

22 Richard Baxter, *The Cure for Church Divisions, or, Directions for Weak Christians to Keep Them from Being Dividers or Troublers of the Church with Some Directions to the Pastors How to Deal with Such Christians* (London: Symmons, 1670), 1.2.6, spelling and capitalization updated.

자로, 탐욕스러운 자로, 포도주에 찌든 자로, 세리와 죄인들의 친구(혹은 동료)로, 가이사의 대적으로 비난할 것이다.[23]

결과적으로 백스터는 냉혹하고 비판적인 태도는 우리와 사탄 사이의 연결고리가 된다고 경고한다.

사람의 결점에 대한 분노와 시기가 자신 안에 뜨겁게 타오르면, 당신은 그것이 분명 하나님이 일으키시는 열심일 것이라고 생각한다. 그러나 그 안에 사랑보다 분노가 더 많지는 않은지, 당신의 형제를 고쳐주기보다는 수치스럽게 하려는 것은 아닌지, 혹은 그들을 치유하기보다는 당을 짓고 분열시키려는 것은 아닌지 점검해 보라. 만약 그렇다면, 야고보가 거짓말을 하고 있지 않는 한 당신은 그 열심이 어디에서 왔는지에 대해 속고 있는 것이며(약 3:15-16), 그 진정한 기원은 당신의 생각보다 더욱 악한 것이다.[24]

사랑이 없고 엄중한 태도는 마귀에게서 오는 것이라는 말은 너무 가혹하게 들릴 수도 있다. 그렇지만 성경에는 죄에 물든 행동을 사탄의 손에 놀아나는 것으로 볼 만한 근거들이 있다. 복음을 대적하는 사람은 "(마귀에게) 사로잡힌 바 되어 그의 뜻을 따라 살게"(딤후 2:26) 된다. 사탄은 "불순종의 아들들 가운데서 역사"(엡 2:2)할 뿐만

---

23 Baxter, *Cure for Church Divisions*, 1.2.6.
24 Baxter, *Cure for Church Divisions*, 1.2.6.

아니라, 그리스도인들조차 죄로 말미암아 "마귀에게 틈을"(엡 4:27) 주기도 한다.

심지어 예수님도 교회의 반석이라 하신 베드로가 세상의 지혜를 따르려 하자 그를 "사탄"이라고 부르신다(마 16:23). 사랑이 결여된 열심이 교회 안에 일으킬 수 있는 파괴적인 결과를 직접 체험한 사람이라면 그러한 정신이 어떻게 사탄의 노리개가 될 수 있는지 이해할 것이다. 그리스도인이라 해도 얼마든지 서로를 "물고 먹을" 수 있는 것이다(갈 5:15).

백스터의 글을 통해 우리는 신학적 열심은 반드시 사랑의 시험대를 통과해야 함을 되새기게 된다. 모든 열정이 다 하나님께로부터 오는 것은 아니기 때문이다. 설사 우리가 반대하는 오류가 치명적인 이단 사상이라 할지라도, 우리의 목표는 치유하는 것이 되어야지 수치를 당하게 하는 것이 되어서는 안 된다. 그리고 우리가 함께 신학적 작업에 참여할 때는 언제나 교회의 경건과 번영을 궁극적인 목표로 삼아야 함을 분명히 해야만 한다.

복음 안에서 우리의 정체성 찾기

불필요한 분리는 대개 마음의 부패와 관련된 문제이다. 자기 의에 빠져 사는 사람은 우리 삶의 부차적인 차이점들을 걸고 넘어가기가 십상이다. 많은 경우 교리적 분리주의는 우리의 정체성을 복음 안에서 찾지 않고 신학적 차이점들에서 찾으려고 하는 데서부터 출발한다. 이에 대해 존 뉴튼은 "자기 의(self-righteousness)는 행위는 물론이요 교리도 먹고 산다."[25]는 지혜로운 말로 경고했다. 존 칼빈 역시 "모든 분쟁의 원인이자 출발점은 자만심과 오만함이다."[26]라고 주장했다.

다른 민족이나 단체에 속한 그리스도인들보다 우월함을 느끼거나, 어떤 신자나 교회, 혹은 단체가 심히 거슬리게 느껴질 때, 우리는 그 이면에 우리가 가진 신학에 대해 자기 의가 자리잡고 있음을 알고 있다. 다른 그리스도인과 견해를 달리 하는 것은 별개의 문제다. 그것은 사고하는 사람에게는 불가피한 일이다. 하지만 그러한 견해 차이로 인해 우리와 생각이 다른 사람을 멸시하거나 낮춰보는 일, 혹은 부당하게 의심하는 태도는 또 다른 문제다. 만약 우리가 다른 신자들과의 차이점 위에 우리의 정체성을 건설하려 한다면, 그러한 차이점들을 파고들려 할 것이다. 심지어 우리 자신을 규정하기 위해 다른 이들의 결점을 찾아내려 할 수도 있다.

우리 마음속에서 건전하지 못한 교리적 분파주의의 징후를 발견하게 될 때, 우리는 가장 깊은 곳에서부터 온 마음을 돌이켜 예수님만을 신실하게 바라보아야 할 것이다. 오직 그분만이 우리를 위해 죽으셨고, 마지막 날에 우리에게 답변을 요구하실 분도 그분이시며, 우리가 살아가는 주요 목적 또한 그분의 일을 이루는 것이

---

25 John Newton, "On Controversy," in *The Works of John Newton*, vol. 1 (New Haven, CT: Nathan Whiting, 1824), 160.

26 John Calvin, *1 and 2 Corinthians, trans. William Pringle, vol. 20 of Calvin's Commentaries* (Grand Rapids, MI: Baker, 1989), 158.

다. 예수님만이 우리가 헌신해야 하는 궁극적인 대상이시며, 그 외의 모든 교리는 그분과의 관계 속에서만 제자리를 찾을 수 있다. 우리가 오직 그리스도께로만 돌아가 그분 안에서 우리 본연의 자리와 정체성을 찾고자 하면 그분께서 우리를 도우사 은혜와 확신을 갖고 우리의 신념을 지켜낼 수 있게 하실 것이다.

2장
교리적 최소주의의
위험성

교리적 분리주의가 참으로 문제이기는 하나 그것만 문제인 것은 아니다. 사실 우리는 이 문제에 대응하다가 완전히 반대쪽 극단으로 치닫곤 한다. 그래서 마르틴 루터는 인간의 이성을 술에 취한 채 말을 타고 가는 사람에 비유했는데, 왜냐하면 한쪽으로 기울다가는 어느새 반대쪽으로 떨어져 버리기 때문이다. 우리가 신학적 입장을 결정하는 일에 있어서도 동일한데, 그만큼 균형을 찾는 것은 어렵다. 리차드 백스터의 말처럼 "다른 사람의 잘못으로부터 지나치게 멀리 달아나다 보면 오류에 빠지기 쉽다."[27]

우리 시대, 특히 젊은 세대의 문화는 아마도 교리적 최소주의와

---

27 Iain H. Murray, *Evangelicalism Divided: A Record of the Crucial Change in the Years 1950 to 2000* (Carlisle, PA: Banner of Truth, 2000), 299에 인용되어 있음.

무관심주의로 보다 더 기울어지고 있는 듯하다. 당신이 만약 사백년 전에 세례에 대해 다른 견해를 가졌다면, 아마 그로 인해 수장되었을지도 모른다. 지금은 우리가 그 부분에 대해 적당한 정도로 뒤로 물러서 있지만, 걱정되는 것은 우리도 이따금씩 반대쪽 극단으로 치달아서 "교리 따위는 집어 치웁시다! 사람들에게 상처만 주지 않습니까. 우리 그냥 예수님만 사랑하며 가난한 자들에게 구제를 베풉시다."라고 말한다는 점이다. 이것이 바로 교리적 최소주의이다.

그렇게 말하는 의도는 충분히 인정할 수 있지만, 그것을 실행에 옮기는 것은 간단한 일이 아니다. 예를 들어 "분열을 멈추고 그저 예수님만 사랑하자"라는 말을 실천하기 위해서는 "예수님"에 대한 정의를 먼저 내려야 하는데, 그렇게 되면 교리적으로 나뉘는 일을 피할 수 없게 된다. 사실 우리는 이미 과거에 일어났던 여러 분열로부터 실제적인 유익을 누리고 있는데, 이들은 아직 접점을 찾지 못하고 있는 경우가 많다. 하나만 예로 들자면, 초대 교회는 몇 세대에 걸친 논쟁과 분열을 통해 예수님에게 두 가지 구별되는 본성이 있으시다는 것, 다시 말해 예수님은 신과 인간의 단순한 혼합이 아니시라는 점을 정리해 놓았다. 만일 우리가 대부분의 그리스도인들이 보편적인 신조로 받아들이는 451년 칼케돈 신조의 정의를 따라 예수님의 "두 본성은 섞이지 않고, 변하지 않으며, 나누어지거나 분리되지 않음을 인정한다면" 우리는 초대 교회와 오늘날 동방정교회 안에 있는 상당수의 단성론자(單性論者)들과 갈라설 수밖에 없는 것이다.[28] 이것은 그저 예수님이라는 이름을 사용하는 것만으로도 교리적 분열을 피할 수 없다는 것을 보여주는 하나의 예일 뿐이며, 그와 같은 예는 부지기수로 많다.

궁극적으로 교리적 분열은 피할 수 없다. 당신이 무언가를 믿는다는 것은 그 반대의 것은 믿지 않는 것을 의미하며, 이는 결국 어떤 의미에서 당신과 같은 믿음을 갖지 않는 사람들로부터 나뉘는 것이기 때문이다.

비본질적 교리는 중요한가?

하지만 오늘날 우리는 교리적인 견해 차이와 관련된 파괴적인 현상들을 많이 목격하다 보니 그런 것들을 최대한 멀리하고 싶어 한다. 어떨 때는 교리에 대해서 아예 이야기조차 꺼내려 하지 않는다(물론 궁극적으로 그것은 불가능한 일이지만). 그리고 교리를 그저 복음의 메시지와 관련된 몇 가지 진리로만 축소 혹은 제한하고 나머지는 전부 무시하려는 현상도 있다. 나는 사람들이 "그건 복음의 내용이 아니잖아. 그냥 부차적인 사안일 뿐이야."라고 말하는 것을 자주 들었다. 물론 복음과 부차적인 사안을 구분하는 것은 필요하다. 그러나 이런 기초적인 구분에만 머무른다면 부차적인 교리들의 중요성을 가리게 될 위험이 있다. 내가 염려하는 것은 사람들이

---

28 단성론(monophysitism)이란 예수님께는 그저 하나의 본성만 있다는 견해이다. 오늘날 대부분의 동방정교회 신자들은 칼케돈의 기독론은 거부하지만 그렇다고 단성론을 주장하지는 않으며, 그보다는 합성론(miaphysitism)이라 칭하는 보다 미묘한 견해를 취한다.

교리를 이와 같이 구분할 때, "그건 부차적인 사안이야. 그러니까 별로 중요하지 않아."라고 생각할 수 있다는 점이다.

본성적으로 복음에만 초점을 맞추고 싶어하는 마음에 심정적으로는 동의하지만, 복음과 다른 교리를 구분하는 일이 결코 간단한 작업이 아님을 인정해야만 한다. 예를 들어 어떤 교리들은 복음에 대해 "부차적"이거나 "비본질적"이면서도 복음을 순수하게 유지시키는 데 중요한 역할을 할 수 있다. 잘 알려진 글귀를 하나 생각해 보자. 흔히 아우구스티누스가 한 말이라고 잘못 알려져 있는데, 사실은 17세기 초에 등장한 말로 "본질적인 것은 하나 되게, 비본질적인 것은 자유롭게, 모든 일은 사랑으로."라는 문구다. 지금까지도 이 말은 굉장히 좋은 뜻을 많이 담고 있다. 하지만 교리들을 본질적인 것과 비본질적인 것, 두 가지 범주로만 구분하였다는 약점이 있다. 앞에서 제시한 네 단계의 도식으로 돌아가 보자.

- 제1 순위의 교리는 복음에 본질적인 것이다.
- 제2 순위의 교리는 교회를 위해 절박하게 중요한 것이다(하지만 복음에 본질적이지는 않다).
- 제3 순위의 교리는 기독교 신학에 중요한 것이다(그러나 복음에 본질적이지는 않고, 교회를 위해 절박하게 중요한 것도 아니다).
- 제4 순위의 교리는 중립적인 것이다(신학적으로 중요하지 않다).

세 번째 범주에 사용된 "중요한"이란 표현에는 오해의 소지가 있지만 나는 의도적으로 그 단어를 사용한다. 왜냐하면 그렇게 함으로써 많은 교리들이 매우 중요함에도 그것 때문에 우리가 나뉘지는 않는다는 것을 이번 장에서 염두에 두고 있음을 나타낼 수 있다. "중요한"이란 말은 당연히 상대적인 용어이다. 따라서 그것을 "절박하게 중요한 것"과 "본질적인 것" 뒤에 오게 함으로써 그것이 "구원을 위해 중요"하거나 "생산적인 협력을 위해 중요"한 것은 아니라는 나의 의도를 분명히 하고자 했다. 그러나 다시 한 번 강조하자면, 어떤 교리가 구원이나 협력관계에 중요하지 않다고 해서 그것이 전혀 중요하지 않다는 의미는 아니다.

이렇게 한 이유는 무엇인가? "비본질적인 것"을 "중립적인 것"과 동일시하거나 2-4단계를 뭉뚱그려 하나의 범주로 보면 안 되는가? 비본질적 교리의 중요성에 대해서는 여러 가지 논의가 있을 수 있지만 여기서는 그 중에 네 가지만 짧게 살펴보고자 한다.

1. 비본질적 교리도 성경에 중요한 의미가 있다

오랫동안 만나지 못했던 사랑하는 사람에게서 한 통의 편지를 받았다고 상상해 보자. 한 문장 한 문장이 너무나 소중해서 무심코 넘기지 않을 것이다. 이와 마찬가지로 만일 우리가 성경을 하나님의 영감으로 기록된 책이라고 여긴다면 그 안의 모든 내용을 경외하는 마음으로 받아들일 것이다. 하나님이 우리에게 친히 주시는 말씀이자 하늘에서 내려온 거룩한 말씀이기에 한 문장 한 문장을 소중히 여기는 것이 당연하다.

비본질적 교리의 중요성을 평가절하하면, 의도하지 않았다 할지라도 성경 자체를 평가절하하는 결과를 낳게 된다. 19세기 스코틀랜드의 신학자 토머스 위드로우(Thomas Witherow)는 교회 정치에 관한 책에서 다음과 같이 말했다.

> 겉으로만 그리스도인인 척하는 사람들에게는 신앙의 본질적 요소와 비본질적 요소를 구분해서 후자에 속하는 어떤 사실이나 교리는 아주 별 볼 일 없는 것이고, 따라서 실제로 그것을 무시해도 별 문제 없으리라고 추측하는 것이 아주 흔한 일이다.[29]

위드로우는 본질적인 교리와 비본질적인 교리를 구분하는 것은 타당한 일이라고 인정했지만, 그렇다고 해서 흔히 성경의 어떤 부분은 중요하지 않다는 식으로 추론하는 것에는 반대했다. 어떤 것이 본질적인지 여부를 물을 때는 반드시 "무엇을 위해 본질적인가?"를 물어야 한다. 하나님이 성경에서 계시하신 모든 것은 다 그 나름의 필수성이 있다. 그렇지 않다면 성경에 기록되지 않았을 것이다. "구원을 위해 비본질적"이란 말은 전혀 중요하지 않다는 의미가 아니다.

---

29 Thomas Witherow, *Which Is the Apostolic Church? An Inquiry at the Oracles of God as to Whether Any Existing Form of Church Government Is of Divine Right*, ed. R. M. Patterson (Philadelphia: Presbyterian Board of Publication, 1851), 5.

하나님이 계시하신 어떤 사실이 구원에 필수적이지 않다는 이유로 그것을 중요하지 않게 여기고, 따라서 그것을 받아들이든 받아들이지 않든 상관없다고 말한다면, 기독교는 대혼란에 빠지게 될 수 있다. 그 이유는 다음과 같다. 구원에 필수적인 진리는 무엇인가? 하나님이 존재하시고, 모든 사람은 죄인이며, 하나님의 아들께서 죗값을 치르시기 위해 십자가에서 죽으셨고, 누구든지 예수 그리스도를 믿으면 구원을 얻는다는 이것 아니겠는가?…하지만 그 외에 계시된 다른 진리들이 본질적이지 않다는 이유로 전부 중요하지 않다고 한다면, 하나님의 말씀 자체가 대부분 중요하지 않다는 결과가 되어버린다. 왜냐하면 성경의 훨씬 더 많은 대부분의 분량을 차지하고 있는 내용은… 인간의 영원한 행복을 위해 절대적으로 필수불가결하지는 않기 때문이다.[30]

이와 같은 위드로우의 우려는 특히 성경에서 궁극적으로 비본질적 교리의 범주에 들어갈 수밖에 없는 내용의 양을 생각해 보면 충분히 이해할 만하다. 성경에 대해 그 어떤 말을 하든 한 가지 확실하게 말할 수 있는 것은 성경은 결코 빈약하거나 최소주의적인 문서가 아니라는 점이다. 성경은 놀라울 정도로 자세하다. 성막 곳곳의 다양한 부분에 대한 세밀한 지시사항들(출 25-30장)을 생각해 보라. 혹은 이른 아침에 큰 소리로 이야기하는 것과 같은 일상적인

---

30 Witherow, *Which Is the Apostolic Church?*, 6–7.

주제에 관해 얼마나 많은 잠언이 기록되었는지(잠 27:14), 기타 결혼 생활과 독신 생활에 관한 바울의 길고 정교한 가르침(고전 7장)을 생각해 보라. 하나님은 우리에게 이러한 정보를 주시는 것을 중요한 일이라고 생각하셨던 것 같다. 따라서 복음 이외의 것을 전부 다 중립적인 문제로 치부해 버리면 그것은 하나님이 우리에게 말씀해 주신 것들의 대부분을 그저 하찮은 것으로 여기는 일이 된다.

하나님의 말씀을 대하는 바람직한 태도로 성경 안에서 제시되는 모습은 그 말씀 전체에 대해서 온 마음을 다해 응답하는 것이다. 어떤 본문은 혼란스러울 수도 있고, 또 어떤 경우에는 근심에 빠질 수도 있지만, 무관심하게 반응하는 일은 결코 있어서는 안 된다. 베뢰아에 있는 유대인들은 데살로니가에 있는 사람들보다 "더 너그러워"라고 기록되었는데, 왜냐하면 그들은 바울의 가르침을 "간절한 마음으로 받고 이것이 그러한가 하여 날마다 성경을 상고"(행 17:11)했기 때문이다. 또한 요시야 왕이 자신의 옷을 찢었던 일을 생각해 볼 수 있을 것이다. 그와 같은 반응을 보였던 이유는 하나님의 율법이 다시 발견되었고(왕하 22:11), 그 안에서 다음과 같은 말씀을 들었기 때문이다.

> "마음이 가난하고 심령에 통회하며
> 내 말을 듣고 떠는 자 그 사람은 내가 돌보려니와"(사 66:2).

성의 없이 그러든지 말든지 하는 태도로 신학을 대하는 것은 하나님의 말씀을 받아들이는 우리의 태도로서 전혀 적합하지 않다. 성경의 어떤 말씀을 대할 때 떨거나 옷을 찢을 수도 있지만, 어떤 경우에도 '그래서 뭐 어쩌라고?'와 같은 태도는 절대로 있어서는 안 된다.

제임스 패커는 자신의 대표작인 『하나님을 아는 지식』(*Knowing God*)에서 거듭남의 두드러지는 특징은 하나님의 진리 전체를 사랑하는 것이라고 말한다. 시편 119편에서 하나님의 율법을 향한 시편 기자의 사랑을 인용한 후에, 패커는 다음과 같이 쓰고 있다. "하나님의 자녀라면 누구나 시편 기자와 같이 하늘에 계신 우리 아버지에 대해 할 수 있는 한 많은 것을 알고 싶어 하지 않겠는가? 우리가 그분의 진리를 사랑하게 되었다는 이 사실이 참으로 우리가 거듭난 것에 대한 하나의 증거가 아니겠는가?"[31] 거듭난 신자라면 누구든 다음과 같은 시편 1장 2절의 모습이 나타나야만 한다.

"오직 여호와의 율법을 즐거워하여
그의 율법을 주야로 묵상하는도다"

그러므로 궁극적으로는 성경의 어느 한 구절에 대한 해석 때문에 다른 그리스도인들과 갈라서서는 안 된다는 결론에 다다른다 할지라도, 그것이 곧 그 본문을 아디아포라의 영역으로 격하시켜

---

31 J. I. Packer, *Knowing God* (Downers Grove, IL: InterVarsity Press, 1973), 22.

서 '알게 뭐야?'라는 식으로 행동해도 된다는 뜻은 아니다. 오히려 우리를 위해 그 말씀에 영감을 불어넣어 주신 주님을 사랑하는 마음으로, 그리고 영감된 말씀에 대한 경외심으로, 우리도 베뢰아 사람들처럼 말씀을 더욱 부지런히 연구하고, 할 수 있는 한 온전히 그것을 이해하기 위해 노력해야만 한다.

2. 비본질적 교리도 교회 역사에 중요한 의미가 있다

역사적 사건에 대한 기념관이나 박물관을 방문할 때, 대의를 위해 희생한 선열들을 향해 경의를 표하는 것은 합당한 일이다. 노르망디 미국인 묘지와 기념관을 둘러보면서 우리는 우리가 지금 누리고 있는 자유의 대가를 떠올리게 되고, 워싱턴에 있는 홀로코스트 기념관을 보면서 우리는 인간이 자행할 수 있는 잔혹한 행위에 대해 다시 한 번 정신을 바짝 차리게 된다. 앞서 살다 간 우리 선조들의 고난과 희생에 대해 감사와 경의를 표하는 것은 올바른 일이다.

교회 역사 속에서 선배 그리스도인들이 치렀던 희생 역시 그와 유사한 의미가 있음을 기억해야 한다. 역사를 통해서 볼 때, 그리스도인들은 비단 기본적인 복음의 메시지를 위해 피를 흘렸을 뿐만 아니라, 진리에 대한 전체 교리 역시 복음만큼이나 중요한 것으로 여기며 그것을 위해서 기꺼이 피를 흘렸다. 종교개혁 전후에 교회 내의 악습에 저항하며 목숨을 바쳤던 이들을 생각해 보라.

얀 후스는 면죄부와 교황의 권력에 반대하는 목소리를 내는 등 여러 가지 죄목으로 화형을 당했다. 자신의 주장을 철회할 수 있는 마지막 기회조차 거부하며 그는 이렇게 기도했다. "주 예수님, 주님을 위해 이 참혹한 죽음을 감내합니다. 나의 대적들에게 긍휼을 베푸시옵소서."[32] 헨리 8세가 자신의 첫 번째 왕비인 아라곤의 캐서린과의 결혼을 무효로 했을 때 이를 비판하는 글을 썼다는 이유로 윌리엄 틴테일은 처형당했다. 성공회 주교인 휴 라티머와 니콜라스 리들리, 토머스 크랜머는 미사와 교황제 같은 로마 가톨릭의 교리에 반대했으며 그로 인해 화형 당하는 것을 두려워하지 않았다. 기록에 따르면, 라티머에게 사형 선고가 내려졌을 때 그는 이렇게 말했다고 한다. "하나님이 여기까지 나의 생명을 연장시켜 주셔서 이번 일로 이렇게 죽으면서 하나님께 영광을 돌리게 하시니 참으로 감사드립니다."[33]

에큐메니칼 운동이 벌어진 이후에, 가톨릭과 개신교 사이의 관계에 대한 기류는 사뭇 달라졌다. 세속주의가 급부상함에 따라 많은 이들이 종교개혁의 종식을 외치고 있다.[34] 실제로 개신교와 가톨릭 간의 대화를 통해 교리적 측면에서 중요한 발전이 있어 왔다. 내 생각에는 기독교 세계가 사분오열된 현실 속에서 대화와 화해를 위한 노력은 환영해야 할 일이며, 이미 진행 중인 많은 일들의

32 Justo L. Gonz£lez, *The Story of Christianity, vol. 1, The Early Church to the Dawn of the Reformation* (New York: HarperCollins, 1984), 351.

33 John McClintock and James Stock, *Cyclopaedia of Biblical, Theological, and Ecclesiastical Literature*, vol. 5 (New York: Harper and Brothers, 1891), 261.

34 E.g., Mark A. Noll and Carolyn Nystrom, *Is the Reformation Over? An Evangelical Assessment of Contemporary Roman Catholicism* (Grand Rapids, MI: Baker Academic, 2005).

가치를 인정해야 한다고 본다. 하지만 동시에 그것을 지나치게 과장해서도 안 된다. 여전히 중요한 차이점들이 남아 있기 때문이다.

오늘날 에큐메니칼 운동의 일치라는 복잡한 도전에 대한 우리의 접근이 어떠하든 간에 아직도 해결되지 못한 쟁점들이 있다는 사실을 무시하거나 가볍게 여겨서는 안 된다. 미해결된 특정한 쟁점들을 적시하는 것 자체가 분열을 조장하는 일은 아니다. 이에 대해 그레샴 메이첸은 다음과 같이 설명한다. "흔히들 기독교계가 분열되어 있는 상태는 악한 것이라고 하는데, 그 말은 사실이다. 그러나 진정한 악은 분열을 초래하는 오류 안에 존재하는 것이지, 이미 존재하고 있는 그 오류를 지적하는 데 있는 것이 아니다."[35] 애초에 분리의 원인이 되는 쟁점들을 대수롭지 않게 여기거나 회피하려 드는 태만한 태도로는 참된 에큐메니즘에 기여할 수 없다.

앞서간 시대의 희생을 마음에 담아둔다면 이것을 기억하는 데 도움이 될 것이다. 예컨대 한 줌의 재가 되어버린 레티머와 리들리를 기리면서도, 동시에 그들이 그러한 지경까지 치달을 수밖에 없었던 성찬에 관한 논쟁에 무관심하기란 쉬운 일이 아니다. 물론 앞선 시대 그리스도인들이 걸어갔던 길을 우리가 언제나 똑같이 따라가지 못할 수도 있다. 하지만 그들의 모범에 감사의 뜻을 전하고 거기서 교훈을 얻고자 한다고 해서 그들을 무오한 사람들로 여길 필요까지는 없다. 우리의 선조들은 신학의 온전함을 위해 심지어

---

35 J. Gresham Machen, *Christianity and Liberalism* (New York: Macmillan, 1923), 50.

여러 가지 비본질적 교리에 대해서도 믿음으로 '하나 됨'을 추구했는데, 이를 위해 그들이 보여주었던 용기와 신중함과 신념을 통해 우리도 정신을 가다듬을 수 있고 또 그래야 할 것이다.

3. 비본질적 교리도 그리스도인의 생활에 중요한 의미가 있다

예를 들어 나는 하나님의 주권에 대해 내가 이해하고 있는 바를 어떤 의미에서도 "복음의 사안"(gospel issue)으로 보지 않으며, 알미니안주의나 웨슬리의 견해를 신봉하는 이들을 그리스도 안에서 형제자매로 기쁘게 받아들인다(또한 그들에게서 배워야 할 것도 많다). 동시에 하나님의 주권에 대한 나의 이해는 그리스도인의 일상적인 실제 삶 속에 여러 가지 중요한 의미를 내포하고 있다. 예컨대 그것은 나의 기도 생활에 다양한 형태로 영향을 미친다. 따라서 이 쟁점을 마치 시의적절하지 않은 문제처럼 무관심하게 넘겨버리는 것은 실수이자 칼빈주의자와 알미니안주의자 양측 모두에게 무례한 행동일 수 있다.

우리는 신학의 본래 역할이 무엇인지에 대해 충분히 인지하지 못할 때가 자주 있음을 기억해야 한다. 그리스도께서 하늘에서 중보하고 계신다는 교리를 생각해 보라. 나는 이 교리가 복음의 일부분이라는 것에 대해 확신을 갖고 있으면서도 복음과 관계된 일을 할 때 늘 그것을 의식하고 있지는 않는다. 추측건대 그리스도의 중보에 대해 아는 것이 많지 않은 사람도 복음을 이해하고 받아들일 수는 있다. (나는 그리스도인이 되고 나서 여러 해 후에 그것이 무엇을 의미하는지 알았다.) 나는 그리스도의 중보가 기독교 전체의 믿음 체계 안에서 가장 충만하고 교훈적인 교리라고 한 윌리엄 시밍턴(William Symington)의 생각에 동의한다.[36] 이런 교리를 그저 복음을 받아들이는 데 필수적이지 않다는 이유로 내다버린다면 이 얼마나 비극적인 일이란 말인가! 그리스도의 중보에 대한 우리의 견해가 우리의 일상 속에서 그분과 맺는 관계에 어떤 영향을 미치는지를 늘상 도표로 그려 낼 수는 없다. 어떤 교리가 단지 가장 중요한 신학적 요점이 될 수 없다고 해서 마치 아무런 의미도 없는 것처럼 그것을 내팽개치는 것은 아주 위험한 일이다.

또 다른 예로, 성찬에서 그리스도께서 임재하시는 모습을 생각해 보라. 내 자신은 대체로 칼빈주의 혹은 개혁주의의 이해를 따르는데, 그 견해에 의하면 그리스도께서는 성찬의 빵과 포도주에 참으로, 그러나 영적인 방식으로 임하신다. 하지만 나는 다른 견해를 따르는 사람들, 예컨대 성찬이 그리스도의 희생을 기념하는 의미만 있을 뿐 은혜의 방편으로서 잔치를 벌이지는 않는다고 주장하는 츠빙글리의 기념설을 따르는 사람들이 있는 교회에서 교역자로 섬기는 것도 문제되지 않는다. 나는 이런 사안 때문에 다른 이들과 갈라서지 않는다.

그러나 그렇다고 해서 이 두 견해 사이의 차이점들이 아무런 의

---

36 William Symington, *On the Atonement and Intercession of Jesus Christ* (Pittsburgh, PA: United Presbyterian Board of Publication, 1864), iv.

미도 없다는 뜻은 아니다. 목회적인 측면에서 성찬을 어떻게 인도할 것인지, 그리고 개인적인 측면에서 성찬에 어떻게 참여할 것인지에 중요한 영향을 미치기 때문이다. 그뿐 아니라 이는 교회 역사 속에서 계속되어 오고 있는 보다 큰 논쟁들과 연결되어 있는데, 그 중에 가장 중요한 것은 개신교 측에서 가톨릭의 미사를 우상숭배로 보고 우려를 표하는 것이다.[37]

이와 같은 역사적인 논의는 다 제쳐 두고 자기 입맛대로 골라잡으면 그만이라는 식의 사고방식에는 안타까운 인식 부재가 깔려 있다. 그렇게 되면 신학은 "각기 자기의 소견에 옳은 대로 행한"(삿 21:25) 사사기의 사람들의 길로 가게 될 것이다.

그레샴 메이첸은 자유주의 신학을 논박하는 자신의 대표 저작인 『기독교와 자유주의』(Christianity and Liberalism)에서 1장 전체를 할애하여 교리가 정통 기독교에 있어서 본질적이라는 주장을 옹호한다. 그러던 중, 그는 잠시 멈추어 다음과 같이 논점을 분명히 정리한다. "기독교가 교리적 기반 위에 세워졌음을 주장한다고 해서 교리의 모든 논점이 다 똑같이 중요하다는 의미는 아니다. 그리스도인들이 서로 의견은 달라도 친교를 계속하는 일은 얼마든지 가능하다."[38] 그리고 나서는 그리스도인들이 견해를 달리 할 수 있는 대

---

37 또 다른 주요 견해로는 화체설과 공재설이 있다. 화체설은 로마 가톨릭의 견해로 빵과 포도주가 그리스도의 살과 피로 변한다는 것이고, 공재설은 루터교의 견해로 그리스도의 살과 피가 빵과 포도주 "안에, 함께, 그리고 아래에" 존재한다는 것이다.

38 Machen, Christianity and Liberalism, 48.

표적인 교리 다섯 가지를 제시한다. (1) 천년설의 본질, (2) 성례의 방식과 효력, (3) 기독교 사역의 본질과 특권(여기서 그가 특별히 염두에 둔 것은 사도적 계승에 관한 성공회의 교리이다), (4) 칼빈주의와 알미니안주의, (5) 로마 교회와 복음주의 개신교의 차이점(비록 그는 이 마지막 예를 "더 심각한 차이"라고 표현했지만).

메이첸이 이 다섯 가지를 하나하나 설명해가는 방식은 신학적 선별작업의 좋은 예이다. 각각의 경우에 그는 해당 사안의 중요성을 희석시키지 않으면서도 '하나 됨'을 유지할 수 있는 지점을 찾고자 한다. 예를 들어, 이 다섯 가지 중에 두 번째 항목인 성례의 방식과 효력에 관해 설명하는 가운데 메이첸은 이 주제가 "참으로 심각한 것이기에 그 심각성을 부인하는 것은 논쟁 자체에서 잘못된 편에 서는 것보다 훨씬 더 커다란 논쟁을 불러일으킨다"는 점을 인정한다.[39] 메이첸은 1529년 마르부르크에서 루터와 츠빙글리가 이 점에 대해 서로 갈라서게 된 것을 매우 애석하게 생각한다. 그로 인해 루터파와 개혁파 사이의 연합이 좌절되었기 때문이다. 그는 이 논쟁이 낳은 비극을 강조하면서 루터의 잘못을 지적했지만, 한편으로는 이 사안의 중요성을 과소평가하는 것의 위험성을 경고했다.

성찬에 대한 루터의 생각은 틀렸다. 하지만 그가 만약 논쟁 상대에게 "형제들, 이 문제는 사소한 것입니다. 주님의 상에 대해 뭐라고 생각

---

39 Machen, *Christianity and Liberalism*, 50.

하든 사실 별 차이 없습니다."라고 말했다면 그것은 훨씬 더 잘못된 일이었을 것이다. 그와 같은 무차별주의는 교회 내 서로 다른 계파들 간의 어떤 분열보다도 더욱더 치명적인 것이 되었을 수 있다. 루터가 성찬에 대해 그와 같이 타협할 사람이었다면 보름스 의회에서 결코 "여기에 제가 서 있습니다. 제게 다른 선택은 없사오니, 하나님 저를 도우소서. 아멘."이라는 말을 하지는 못했을 것이다. 교리에 대한 무차별주의에서는 신앙의 영웅이 태어날 수 없다.[40]

기타 여러 가지 쟁점에 대해서도 우리는 무관심한 것보다는 틀린 것이 더 낫다고 하는 메이첸의 입장을 견지할 수 있을 것이다.

4. 비본질적 교리도 본질적 교리에 중요한 의미가 있다

에드워드 오크스(Edward T. Oakes)는 로마 가톨릭 배경 안에서 교리의 "상하관계"를 주장하며 하위 항목은 상위 항목과의 관계 속에서 중요성을 갖는다는 논리를 편다.

교회는 교회가 발표하는 내용에는 여러 단계의 권위가 있고, 또 어떤 사안에 대해서는 그것이 상대적으로 더 중요하거나 덜 중요한 것으로 칭하기도 한다는 것을 오랜 세월 동안 인정해 왔다. 실제로 교회가 주창하거나 수호하고자 하는 진리의 내용은 그 자체로 특정한 상하관계

---

40 Machen, *Christianity and Liberalism*, 50 – 51.

에 따라 배열된다. 어떤 교리는 더 중요한 의미가 있고(그 중에는 물론 기독론이 포함되며), 또 어떤 것은 중요성이 그렇게 적은 것은 아니지만 말하자면 그보다 더 중요한 진리와의 관계 속에서 힘을 얻는 것이 있다. 어떤 진리가 "상위" 진리에 내포된 결과로서 흘러나온다면 거기에 진리로서의 가치가 결코 덜하지 않다는 것은 당연한 일이다. 더욱 본질적인 교리와의 관계로부터(내포된 결과로서) 그것은 진리로서의 가치를 얻게 되는 것이다.[41]

만약 상위의 진리와 하위의 진리가 서로 관련되어 있다고 한다면, 복음의 한 부분이 아닌 교리는 복음에 있어서 전혀 중요하지 않다고 가정하는 것은 위험한 일이다. 제2 순위와 제3 순위에 속한 많은 교리들도 우리가 복음을 경험하고 그것을 순수하게 유지하는 방법에 영향을 미치기 때문이다. 워필드(B. B. Warfield)는 다음과 같이 썼다. "한 분의 그리스도를 섬기는 사람들 사이에 부수적이고 덜 중요한 논점들이 많이 있어야 할 이유가 무엇인가? 그것은 순전한 복음을 보존해야 할 가치가 있기 때문이다."[42]

복음의 내용에 포함되지 않는 교리가 어떻게 순전한 복음을 보

---

41 Edward T. Oakes, *Infinity Dwindled to Infancy: A Catholic and Evangelical Christology* (Grand Rapids, MI: Eerdmans, 2011), 395. 나는 다음의 글을 통해 인용문을 접하게 되었다. Luke Stamps, "Let's Get Our Theological Priorities Straight," The Gospel Coalition, June 4, 2012, https://www .the gospel coalition.org/article/lets-get-our-theological-priorities-straight/. 스탬프스가 기록한 것처럼, 로마 가톨릭 교회의 교학권에 대한 오크스의 이해를 받아들이지 않으면서도 그의 요점을 인정할 수 있다.

42 Benjamin B. Warfield, *Selected Shorter Writings*, vol. 2 (Nutley, NJ: Presbyterian and Reformed, 1973), 665–66.

존하는 데 도움이 되는가?

어떤 교리는 복음을 이미지화해 준다. 예를 들어, 바울은 혼인 관계와 그리스도께서 교회와 맺고 계신 관계 사이에 오묘한 관련성이 있음을 가르친다(엡 5:32). 그렇기 때문에 역사적으로 교회 안에서 아가서를 해석해 온 방식을 그저 정신 나간 행위로 볼 수 없는 것이다. 또한 같은 이유에서 오늘날 그리스도인들이 혼인의 정의를 바꾸려는 세상의 시도를 묵과하는 것은 크게 문제가 될 수 있다.

어떤 교리는 복음을 수호한다. 예를 들어 복음의 내용을 잘 이해하고 있으면서도 상대적으로 성경에 대해서는 안이한 생각을 하는 것이 가능하다. 여기서 "안이한"이라는 말이 의미하는 바에는 조금 더 살을 붙여야 하겠지만, 내 생각에는 C. S. 루이스가 이 범주에 적합하다고 본다. (물론 그의 견해가 생각보다 그렇게 안이한 것은 아니다!) 동시에 우리가 성경에 대해 믿는 바는 복음을 얼마나 잘 증거하느냐 하는 것과는 아무런 관련이 없다고 결론내리는 것도 어리석은 일이다. 결코 그렇지 않다! 하나님의 말씀을 고귀하게 받드는 것은 우리가 하나님의 백성으로서 사명을 이행해 가는 실제적인 방법에 깊은 영향을 미치게 된다.

어떤 교리는 복음에 부속되어 있다. 하나의 교리가 기독교 신앙에서 완전히 단절되어 존재하는 일은 거의 없다. 따라서 부차적인 교리를 평가절하하면 그로 인해 주요 교리도 더 밋밋해지고 힘을 잃게 되며 보다 취약해질 수 있다.

성경과 전통의 관계를 한 번 예로 들어보자. 이러한 쟁점이 어떻게 복음의 구성요소가 되었는지, 혹은 어떻게 복음에 실질적인 기여를 하는지 말하기는 쉽지 않다. 하지만 서로 다른 전통에 속한 기독교에서 그것은 매우 중요한 의미가 있는 차이점이며, 그로 인해 신학의 기능에 대해서도 온갖 종류의 서로 다른 결과를 낳게 된다. 이 쟁점에 대한 견해 차이로 인해 교회사에서 어떤 일이 일어났었는지를 알고 있는 사람이라면 그것을 중립적인 문제로 치부할 수는 없을 것이다.

교리를 놓고 싸워야 할 때가 있다

신학적 논제에 대해 공격적이고 비열한 태도를 보이는 것은 복음의 정신에 반하는 것임을 우리는 대부분 잘 알고 있다. 반면에 교리에 대해 싸우기를 꺼리는 태도 역시 그와 마찬가지임을 인정해야만 한다. 교리적 최소주의와 교리적 무차별주의에는 기개가 없다. 교리적 최소주의자가 "사람은 다 거짓되되 오직 하나님은 참되시다"(롬 3:4)라며 바울과 한목소리를 내거나, 무차별주의자가 복음에 전적으로 헌신하여 거기서 떠난 천사를 저주하는 것은(갈 1:8) 그다지 있을 법한 일들이 아니다.

17세기 중반 영국 교회의 개혁을 위해 싸웠던 웨스트민스터 회의의 참석자들은 회의장에 들어설 때 아래와 같이 맹세해야만 했다.

나는 전능하신 하나님의 임재 앞에 엄숙하게 다음과 같이 약속하고 맹세합니다. 나는 이 회의의 구성원으로서 교리적 관점에서는 하나님의 말씀에 가장 합하는 것으로 믿는 바 외에는 주장하지 않을 것이며, 또한 권징의 관점에서는 하나님께 가장 영광이 되고 이 교회에 평안과 유익이 되는 것 외에는 주장하지 않을 것입니다.[43]

오늘날은 신학을 대하는 태도가 너무 시큰둥한 경우가 많아서 이와 같은 맹세를 받거나 하기는 어렵겠지만, 우리가 맡은 사명이 얼마나 신성한 것인지에 대해 이들에게서 많은 것을 배울 수 있다.

신학은 코람데오(*coram Deo*, 하나님의 얼굴 앞에서)의 정신으로 하는 것이며, 그 중심에는 하나님의 영광과 교회의 유익이 있다. 우리에게 가장 온전한 진실함과 성실함이 없이는 이 일을 감당할 수 없으며, 또한 이 일에는 모든 용기가 필요하다.

---

43 *The Westminster Confession of Faith* (Glasgow: Free Presbyterian, 1966), 13.

3장
제2 순위, 제3 순위의 교리에 관한 나의 여정

 일반적으로 양 극단 사이에 위치하는 것이 안전하다. 기본적으로 앞선 두 장에서 내가 했던 일이 바로 그것이다. 아무쪼록 처음 시작하는 분들에게 이것이 앞으로의 방향을 설정해가는 데 도움이 되었기를 바란다. 특히나 이미 언급한 것처럼 우리는 대부분 이쪽이든 저쪽이든 한쪽 방향으로 치우치는 경향이 있기 때문이다. 그러나 이제 이 양 극단 사이 어디쯤에 지혜의 길이 펼쳐져 있는지를 찾아야 하는 보다 어려운 작업이 기다리고 있다.

 시작에 앞서 내 이야기를 나눠보고자 한다. 나는 신학적 선별작업에 대해 학문적인 관심을 갖는 것은 아니다. 그것은 지극히 개인적인 차원의 일이며 나의 삶에 지대한 영향을 미쳤다. 결코 교리 문제로 나눠질 생각을 하고 시작했던 것은 아니고, 그저 신학책을 읽어 갔을 뿐이다. 그렇게 책을 읽다 보면 결과가 뒤따를 것이라는 생각은 당시에는 하지 못했는데, 결국 피할 수 없는 일이 일어났다.

처음으로 거슬러 올라가 보자.

나는 스코틀랜드 장로교회에서 유아세례를 받았다. 자라면서 주로 장로교회(미국장로교회, PCA)에 다녔는데, 어린 시절 몇 년간은 복음주의 자유교회에 다니기도 했다. 대학 때는 두 군데의 장로교회에서 청소년부를 맡아 일했고, 대학을 졸업한 후에는 장로교 신학교(커버넌트 신학교)에 진학했다.

이 시기에 내가 경험했던 것들에 대해 얼마나 감사하게 생각하는지 이루 말로 다 할 수 없다. 내가 자라면서 다녔던 여러 교회들은 모두 건전하고 행복한 곳이었는데, 그 중 일리노이 주 리버티빌에 있는 크로스라이프 복음주의 자유교회(Crosslife Evangelical Free Church in Libertyville)에서 나는 그리스도인이 되었다. 아무런 앙금 없이 어린 시절 교회에 다녔던 경험을 회상한다는 것이 얼마나 드문 일인지를 알게 되면서 나는 정말로 그 시절을 감사하게 생각한다.

고등학교에 들어가기 직전에 우리 가족은 아버지의 사역지를 따라 조지아 주로 이사했는데, 그 교회는 오거스타 제일장로교회(First Presbyterian Church in Augusta)였다. 나는 거기서 교회의 청소년부 활동을 열심히 했는데, 거기서 받았던 영향에 대해서는 언제나 기쁨을 감출 수 없다. 선교여행 갔을 때나 해변에서 열었던 행사들, 그리고 예배를 드리던 때의 행복한 기억들이 내 머릿속을 가득 채우고 있다. 그리고 내 생애 처음으로 기독교 학교에 다녔는데, 거기서 누렸던 우정과 경험들은 내 삶에 어마어마한 영향을 미치게 되었다. 이때가 나에게는 영적인 성장을 이루는 중대한 시기였고, 살면서 가장 행복했던 기억과 가장 진한 우정도 바로 이 시기에 쌓았던 것들이다.

대학 때는 여름 방학이면 이전에 내가 속했던 청소년부로 돌아가서 봉사하는 일을 몇 년간 계속했다. 그러던 중 한 해는 다른 교회의 청소년부를 맡아 일했던 적이 있는데, 바로 그 시기에 나는 사역자로의 부르심을 경험했다. 그 일이 있기 전에 나는 가족 중에 이미 사역자의 삶을 살고 있는 사람이 몇 있었기에 같은 길을 가는 것이 어쩌면 진정한 나의 생각이 아닐지도 모른다는 주저하는 마음과 씨름하고 있었다. 그런데 바로 그 해 여름, 성경을 가르치고 기타를 치며 예배를 인도하며 학생들에게 복음을 전하고 있을 때, "내가 세상에 태어난 이유가 바로 이것이구나. 이것이야말로 남은 생애 동안 내가 하고 싶은 일이다."라는 생각이 내 머릿속을 스쳤다.

나는 가족 때문에 사역의 길로 들어설 필요도 없지만, 그렇다고 가족 때문에 그 길을 가지 않을 필요도 없음을 깨달았다. 이로 인해 나는 비로소 예수님이 나에게 어떤 일을 맡기시고자 하는지를 생각할 수 있는 자유를 얻게 되었다. 나는 언제까지나 제일장로교회에 빚진 자로 살아갈 것이다. 고등학교 시절에 나의 영적 성장에 중요한 역할을 했었기 때문만이 아니라, 대학 때 지금의 내가 걷고 있는 이 소명의 길에 첫 발을 내딛을 수 있는 기회를 주었기 때문이기도 하다.

대학을 마치고, 나와 아내는 커버넌트 신학교에 다니며 나는 신학 공부를, 아내는 상담 공부를 했다. 그곳에서 우리는 "복음 중심의 삶"이 무엇인지를 극적으로 경험할 수 있었다. 사실 그곳에서 보낸 몇 년의 시간은 우리에게 너무도 커다란 영향을 미쳤기에 우리는 어디를 가든 "커버넌트 신학교의 정신"을 우리 사역의 전체적인 목표로 삼아야 하겠다는 말을 자주 한다. "커버넌트 신학교의 정신"이 무엇인지 정확히 묘사하기는 어렵지만, 깊이 있는 신학과 온화한 인간관계가 조화된 어떤 것이라고 할 수 있다. 사실 나는 다른 곳에서는 대부분 신학 아니면 온화함 중의 하나를 강조하는 편이지만, 우리는 커버넌트의 신학적 풍토에 건전하고 아름다운 어떤 것이 있음을 직감했기에 거기에 미치지 못하는 것을 하려고 할 때는 늘 만족스럽지 못했다.

커버넌트 신학교에 다니던 시절, 나는 장로교 목사인 팀 켈러의 설교를 듣기 시작했다. 그의 설교가 (그리고 지금은 그의 책이) 나에게 미쳤던 영향은 이루 말로 다할 수 없을 정도로 크다. 목회나 신학에 관한 어떤 쟁점에 부딪힐 때, 나는 항상 "팀 켈러는 이것에 대해 어떻게 생각하는지 궁금하네."라는 말을 하지 않는 경우가 거의 없다. 정말로 그의 사역에 진 빚이 엄청나다.

이런 이야기를 하는 이유가 무언가 하면, 어떤 식으로든 나의 개인적인 불만 때문에 교단을 옮기려 했던 것은 아님을 말하고자 하는 것이다. 오히려 장로교에서 보낸 지난 시간들은 내게는 고맙고 아련한 추억으로 남아 있다.

세례에 관한 연구에 빠지다

그런데 세례에 관해 공부하던 중 문제가 발생했다. 조지아대학 마지막 학기 때 나는 할 수 있는 한 세례에 관한 모든 자료를 읽기 시작했다. 전에는 이 주제를 다루는 것에 아무런 거리낌이 없었는데, 이제 사역자의 길에 들어서려고 하니 그와 관련된 현실을 직시해야 함을 알게 되었다. 왜냐하면 내가 안수를 받으려고 하는 곳에서는 그것이 영향을 미칠 수 있었기 때문이다. 장로교에서 안수를 받기 위해서는 웨스트민스터 표준문서에 동의해야만 하는데, 거기서는 부모 중 단 한 사람이라도 신자인 가정에서 태어난 자녀는 유아세례를 받아야 한다고 명시하고 있다.[44]

나는 커버넌트에 가서도 이 주제를 놓고 힘겨운 싸움을 이어갔다. 첫 해에는 이것을 내 개인적인 연구 주제로 삼았다. 친구들과 밤늦게까지 세례에 대해 이야기를 나눴던 기억이 난다. 교수님들과의 상담 시간은 물론 수업 시간에도 이 주제에 대해 토론했던 기억이 있다. 피에르-샤를 마흐셀(Pierre-Charles Marcel)의 『유아세례에 관한 성경적 교리』(The Biblical Doctrine of Infant Baptism)를 붙들고 오후 내내 씨름하던 그 해 가을의 기억과, 폴 주이트(Paul Jewett)의 『유아세례와 은혜 언약』(Infant Baptism and the Covenant of Grace)에서 헤어 나오지 못해 하루를 다 써버린 어느 겨울날의 기억도 있다. 그 밖에도

---

44 웨스트민스터 표준문서는 17세기 중반 웨스트민스터 회의에서 작성된 문서들이다. 거기에는 웨스트민스터 신앙고백서, 웨스트민스터 소요리문답, 그리고 웨스트민스터 대요리문답이 있다. 개혁교회와 장로교회 중에서는 이 문서를 표준 교리로 보고 있는 곳이 많다.

이 쟁점의 양쪽 견해에 관해 수없이 많은 책을 읽었다.

그해 4월 즈음, 나는 유아의 세례(paedobaptism, 이것은 유아세례를 뜻하는 또 다른 용어이다)를 거부하고 신자의 세례(credobaptism, 신뢰할 만한 신앙고백을 한 사람만이 합당하게 세례를 받을 수 있다는 견해)를 지지하는 신념을 확고하게 굳혔다.

나와 아내는 침례교회의 교인이 되었고, 나는 거기서 침례를 받았다(정확히 말해 강물에 몸을 완전히 담갔다). 내가 왜 이런 결정을 하게 되었는지에 관해서는 이미 다른 곳에 쓴 적이 있기 때문에 이 책에서는 그 내용을 다루려고 하는 것은 아니다. 여기서는 유아세례를 지지하는 독자들을 불필요하게 자극할 생각은 없기 때문이다.

이렇게 해서 나는 장로교파에서 안수를 받을 수 없는 현실에 직면하게 되었다. 나의 모든 인간관계가 내가 자란 교파 안에서 형성되어 있었기 때문에 신자의 세례를 신봉하는 사람들 안으로 어떻게 들어가야 할지를 잘 몰랐다. 결국 한 침례교회에서 목회실습을 하게 되었고, 거기서 나는 교회정치를 좀 더 세밀하게 연구할 수 있었다. 이때의 경험도 내게는 매우 긍정적인 영향을 미쳤다. 우리는 건전하고 풍성한 열매를 맺는 교회의 모습(워싱턴 DC에 있는 Capitol Hill Baptist Church)을 가까이에서 관찰할 수 있는 복된 기회를 누렸다.

하지만 이즈음에 나는 침례와 관련된 주류 침례교의 실제 모습에 어려움을 겪기 시작했다. 전통적 침례교의 견해에 의하면, 신뢰할 만한 신앙고백을 한 후에 침례를 주는 것은 성경에서 규정하고 있는 것일 뿐만 아니라, 교인의 자격을 얻고 성찬에 참여하기 위해 요구되는 선행 조건이기도 하다. 예컨대 남침례회(세계에서 가장 큰 침례교단)의 신앙선언문인 '침례교 신앙과 메시지 2000'을 보면, 침례는 "교회의 성례로서 교인의 자격을 얻거나 성찬에 참여하기 위한 필수조건"이라고 명문화되어 있다.[45] 이와 같은 입장은 특히 성찬에 대한 제약을 담고 있기 때문에 "엄격한 침례교도"의 견해라 불린다.

관련된 또 하나의 이슈는 침례를 행하는 적합한 방식에 관한 것이다. 역사적으로 침례교에서는 물에 담그는 방식으로 침례를 행해야 한다는 생각이 일반적이다. 예컨대 1689년 제2차 런던 침례교신앙고백에 따르면 "이 성례를 바르게 시행하기 위해서는 침례, 곧 사람을 물에 담그는 것이 필수적이다."라고 규정하고 있다.[46] 요즘은 사람들이 이 두 가지 쟁점, 즉 침례의 합당한 대상과 침례의 합당한 방식을 하나로 묶어 버리는 경우가 많은데, 비록 그 둘이 함께 언급되는 일이 흔하기는 하지만 이 대상과 방식에 관한 문제는 구분되는 것임을 기억해야 한다.

이 쟁점들은 침례교 내에서도 서로 다른 전통에 따라, 그리고 개인적으로도 견해를 달리하는 복잡한 주제이다. 예를 들어 오늘날

---

45 2000 Baptist Faith and Message, 7. 이 관점에 대해 잘 정리된 주장을 위해서는 Bobby Jamieson, *Going Public: Why Baptism Is Required for Church Membership* (Nashville: B&H, 2015)을 보라.

46 The Second London Baptist Confession of Faith of 1689, 29.4.

어떤 침례교회에서는 교인이 되기 위해서는 침례를 요구하지만 성찬 참여의 조건은 아니라고 한다. 마찬가지로 침례의 방식에 대해서도 보다 완화된 입장을 취하는 침례교회들이 많다. 예컨대 물에 담그는 것이 올바른 방식이기는 하나 그렇다고 물을 뿌리거나 붓는 방식을 취한다고 해서, 물론 바람직하지는 않지만, 침례의 요건이 충족되지 않는 것은 아니라고 한다(특히 물이 부족하거나 건강상의 문제가 있는 등 특별한 환경에서). 역사적으로 볼 때 걸출한 침례교도들조차 이에 대해서는 서로 생각이 달랐다. 대표적인 예로『천로역정』의 저자 존 번연은 유아세례주의자들도 자신의 교회에 교인이 되는 것을 허락했다. 그는 1673년 자신이 쓴『세례에 관한 차이는 성찬상의 빗장이 아님』(*Differences about Water Baptism No Bar to Communion*)에서 이러한 견해를 지지하는 10가지 이유를 제시했다.

이 문제를 가지고 씨름을 하며 그것이 얼마나 복잡한 문제인지를 깊이 알 수 있는 계기가 되었지만, 결국에 가서 나는 보다 엄격한 침례교의 주장을 인정할 수 없게 되었다. 이로 인해서 나는 교단적으로 다소 외롭고 고립된 상황에 놓이게 되었다. 왜냐하면 이제 장로교에서는 물론이요 다수의 침례교 안에서도 안수를 받을 수 없게 되었기 때문이다. 나아가 그때 이후로 여러 길이 막히게 되었다.

마지막 때에서 창조의 날까지

장로교 세상을 떠난 나는 더 넓은 복음주의 세상으로 나가 항해를 했다. 그곳은 내게 마치 낯설고 요동치는 바다와 같았다. 그러던 중 난데없이 내가 믿던 무천년설이 이목을 끌기 시작했다.

무천년설이란 요한계시록 20장 4-10절에 나오는 "천 년"을 하늘에 계신 그리스도께서 영적으로 다스리시는 교회 시대를 뜻한다고 보는 견해이다. 또 다른 견해 중에는 천년 왕국 이전에 그리스도의 재림이 있을 것이라고 보는 전천년설이 있고, 또 천년 왕국 이후에 그리스도의 재림이 있을 것이라고 보는 후천년설도 있다. 미국의 복음주의 교회들은 대부분 전천년설을 따르는 추세인데, 특히 세대주의적 전천년설은 그리스도께서 문자적으로 천 년 동안 예루살렘에서 다스리실 것이며, 이 기간 동안 혈통적 이스라엘에 관한 구약의 예언을 성취하실 것이라고 강조한다.[47] 내 경험에 비추어 보면, 이 외에는 다른 견해가 있다는 것조차도 모르고 있는 그리스도인들이 굉장히 많다.

어린 시절에 살았던 장로교 항구에서는 무천년설의 배가 문제가 된 적이 단 한 번도 없었다. 그래서 다른 항구들에도 똑같이 정박할 수 있을 거라고 순진하게 생각했다. 제6장에 가서 살펴보겠지만, 전천년설은 어거스틴 이후 17세기까지는 교회 안에 거의 존재하지 않았던 이론이며, 기껏해야 19세기에 들어서 비로소 지금

---

47 예를 들어 2011년 전국복음주의협회(NAE, National Association of Evangelicals)에서 행한 여론조사에 따르면 복음주의자들 중에 "65%가 전천년설 신학을, 13%는 무천년설을, 그리고 4%는 후천년설을 지지하였고, 17%는 '기타'라고 응답"한 것으로 나타났다. ("Premillennialism Reigns in Evangelical Theology," National Association of Evangelicals, January 2011, https://www .nae .net/premillennialism-reigns-in-evangelical-theology.)

의 모습을 띠기 시작했다.

나는 아직도 수많은 교단과 개 교회들이 자신들의 신앙선언문 안에 전천년설을 필수 조항으로 넣고 있다는 사실을 알게 되고 무척 놀랐다. 사실상 세례에 관한 문제로 대다수 기독교계로부터 고립되었던 나는 이제 이 천년설 문제로 남아 있는 자유롭고 초교파적인 많은 교회들에게서도 멀어지게 되었음을 깨닫게 되었다. 이와 같은 결별은 결코 내가 의도하거나 바랐던 것은 아니며, 그저 이런저런 쟁점들을 연구하다 보니 맞이하게 된 결과일 뿐이다.

다음은 안수를 받기 위해 쓴 글에 관한 일이다. 나는 초교파적 회중교회의 교역자 자리를 얻게 되었는데, 거기서 안수를 받기 위해서는 장문의 개인 신앙선언문을 작성해야 했다. 종말론(마지막 날에 있을 일이나 최후의 시간에 관한 교리) 부분에서 나는 한 문장으로 '부분적 과거주의'를 짧게 언급했다. 이것은 성경에서 종말에 관한 어떤 예언들은 1세기에 이미 성취되었다고 보는 견해이다.

어쩌다 보니 실수 때문인지, 아니면 용어에 익숙지 않아서인지, 몇몇 교인들 사이에 내가 과거주의자라는 소문이 돌았다. 이 논점에 대해 아는 바가 있다면, 과거주의와 부분적 과거주의는 매우 다르다는 것을 알 것이다. 부분적 과거주의는 종말적 사건들 중에 일부(소위 대환란 같은 것들)가 이미 성취되었다고 주장하는 반면에, 완전 과거주의는 모든 것이 이미 성취되었다(우리는 현재 새 하늘과 새 땅에 살고 있으며, 예수님께서는 이미 재림하셨다는 등)고 주장하는 것이다.

당연한 말이지만 이 두 가지 견해는 너무도 확연히 다른 것이어서 이들을 구분하는 것은 매우 중요하다. 사실 나는 그 차이가 가히 정통과 이단의 차이라고까지 말하고 싶다. 내가 이단이라는 단어를 가볍게 사용하는 편이 아님에도 불구하고 완전 과거주의에 대해서는 그 표현을 사용하고자 한다. 반면에 부분적 과거주의는 비교적 온건한 견해로서 고인이 된 R. C. 스프로울 같은 보수적 신학자들이 이를 지지하지만 보다 넓은 복음주의권에서는 이에 대한 인식이 대체로 부족하다.

그러니 어떤 일이 일어났을지는 뻔하지 않겠는가. 처음으로 "과거주의"라는 용어를 듣고 그것을 어떻게 이해해야 좋을지 몰랐던 교인들과 나는 재미있는 대화를 많이 나눴다. 감사하게도 이 절차를 주관했던 목사님들은 굉장히 은혜가 넘치셔서 나와 그분들의 견해가 서로 다른 데도 나의 안수를 승인해 주었다.[48]

이렇게 하여 결국 나는 비교적 규모가 작은 회중교회 교단인 보수회중기독협의회(CCCC, Conservative Congregational Christian Conference)에서 안수를 받았다. CCCC는 본질적인 것에 있어서는 '하나 됨'을 강조하고 비본질적인 것에 대해서는 자유를 주는 곳이었기에 신학적으로 나와 잘 맞았다. 그 단체는 혼인이나 낙태와 같은 사회적 이슈에 대해서는 분명한 입장을 갖고 있는 반면, 여성 안수나 영적

---

48 정확하게 말하자면, 나는 "부분적 과거주의자"라고 불리는 것을 그렇게 좋아하지는 않는다. 왜냐하면 그 용어 자체가 다소 헷갈리기도 하고, 또한 다수의 다른 부분적 과거주의자들에 비해 나는 구약에서 볼 수 있는 예언 성취의 복잡성, 예컨대 텔레스코핑(telescoping)이나 이중적 성취, 혹은 역사적 우연성의 개입 등을 좀 더 강조하는 편이기 때문이다. 하지만 넓게 보면 나도 이러한 진영 안에 있음을 인정한다.

은사, 천년설 등의 여러 가지 교리적 쟁점에 대해서는 비교적 열려 있는 곳이다.

나는 또한 교회 역사 안에 분명한 뿌리를 내리고 있는 특정 개신교 교단에 속하게 된 것을 감사하게 생각한다. 미국은 회중주의 안에서 풍성한 유산을 물려받았다. 대표적인 인물로는 조나단 에드워즈(Jonathan Edwards)에서 시작하여 해롤드 존 옥켄가(Harold John Ockenga) 등이 있고, 하버드 대학교와 전국복음주의협회(NAE) 등의 기관을 설립하는 데 핵심적인 역할을 해왔다. 뉴잉글랜드 청교도들 중에는 회중주의가 개신교의 상당수를 차지했었는데, 이 땅의 회중주의의 역사는 영국 교회 안에 있었던 청교도 투쟁, 특히 사보이 선언문(Savoy Declaration) 작성에 기여한 존 오웬과 같은 "독립파"(independents)를 통해 맺은 결실이다. 그뿐 아니라 회중주의는 재세례파와는 반대로 처음부터 여타의 주요 개신교 분파들과 같이 역사적 교회의 일원으로 자리매김했다. 따라서 회중주의는 교회 역사의 보다 큰 지류를 따라 흘러가는 하나의 줄기이며, 정통 기독교라는 강물에서 뻗어 나온 작은 시내들 중 하나이다. 내가 이 교단에서 "둥지"를 틀게 된 것에 대해, 적어도 여기서 안수를 받게 된 것을 나는 감사히 여긴다.[49]

---

49 미국 교회 안에서 회중주의의 비중은 과거보다 훨씬 적어졌다. 다른 교단들만큼 서쪽으로 활발히 확장해 나가지 못했고, 후대에 와서는 자유주의가 다른 교파들에 비해 회중주의 안으로 훨씬 더 급진적으로 파고들었다고 할 수 있다. 미국의 회중주의 역사와 특별히 CCCC에 대한 소개는 다음을 보라. William Symington, *On the Atonement and Intercession of Jesus Christ* (Pittsburgh, PA: United Presbyterian Board of Publication, 1864), iv.

다음 쟁점은 창조의 날에 관한 것이었다. 교인들과의 친교와 목회적 관계에 이보다 더 큰 어려움을 가져다 준 주제는 없었다. 미국의 보수적인 복음주의 목사이지만 젊은 지구 창조론자[50]는 아닌, 이것을 어떻게 표현할 수 있을까? 마치 테네시 대학에 다니면서 조지아 대학 팀의 골수팬인 것과 비슷하다(미국의 테네시 대학과 조지아 대학은 대학 미식축구 남동부 리그에서 가장 치열한 라이벌로 꼽히는 두 팀이다.-역자주). 참 쉽지 않은 일이다. 복음을 강조하면서 그 안에서 부드럽게 나의 견해를 견지하기 위해 아무리 많은 노력을 해도, 나를 의심하는 사람은 언제나 꼭 있기 마련이다. 안타깝게도 창조의 날에 관한 이 문제 때문에 친교와 목회의 길이 막혔던 적이 한 번 이상 있었다.

지금 있는 교회에서도 목사 후보로 실습하기 위해 주말에 교회에 오면 이 주제에 대해 내가 쓴 글과 관련하여 날 선 질문을 받기도 했었다. 개중에는 창조에 대해 나와 다른 견해를 갖고 있는 교인들도 있었지만, 감사하게도 우리는 모든 과정을 함께 잘 헤쳐 나갔다. 사실 교회는 우리에게 너무도 과분하고 극진한 환영의 인사와 교제의 손길을 내밀어 주었다. 하지만 이번 사안을 통해 나는 다시 한 번 조심스럽게 신학적 선별작업을 생각해 보는 일이 중요하다는 것을 절감하게 되었다.

---

50 젊은 지구 창조론은 창세기 1장의 날이 문자 그대로 태양의 움직임에 따른 24시간을 의미하며, 따라서 세상은 비교적 가까운 과거에 창조되었다고 하는 견해이다.

뒤를 돌아보고 앞을 내다보기

교단을 옮겨 다니던 나의 과거를 돌아보면 그 과정에서 하나님이 내게 얼마나 많은 것들을 베풀어 주셨는지 알 수 있다. 하지만 그럼에도 그것은 결코 쉬운 길은 아니었다. 그 길 위에서 나는 교리로 인한 분열의 시기와 방식에 대해 많은 생각을 하게 되었다. 물론 모든 것을 다 깨달았다고 할 수도 없고, 당연히 그것을 완벽하게 해내지도 못했다.[51]

그러나 그 모든 과정에서 내가 분명한 확신을 갖게 된 것은 교회 안에 있는 우리가 수많은 신학적 견해 차이 속에서 길을 찾아가는 일을 더 잘 감당해야 하겠다는 점이다. 안타깝게도 그리스도인들이 상대적으로 덜 중요한 문제로 인해 서로 갈라서는 일이 흔히 있다. 최악의 경우에는 지극히 사소하고 잘 몰라서 생기는 견해 차이 때문에 인정사정 보지 않고 각자 다른 길을 가는 그리스도인들도 있다. 그런가 하면 정반대 방향으로는 마치 교리는 전혀 중요한 것이 아닌 양 심각한 신학적 오류조차 본체만체하는 그리스도인들이 있다. 균형 잡힌 신학을 견지하는 태도는 참으로 찾아보기 힘들다. 우리는 신학적 선별작업에 필요한 기술과 지혜를 잘 배양하여 설사 교리로 인한 분열을 피할 수 없는 때에라도 하나님 나라에 가해

---

51 앞서 언급한 쟁점들 중에 어떤 것은 내가 틀렸을 수도 있다. 통계적으로는 그렇게 생각할 수도 있는 것이, 신자의 침례를 주장하는 사람 중에 엄격하지 않은 침례교도이면서 무천년설을 따르고, 또 오랜 지구 창조론과 부분적 과거주의를 지지할 가능성은 희박하기 때문이다(그러나 만약 당신도 그러하다면, 우리는 반드시 함께 만나서 당신의 교단에서 어떤 음료를 허락하든지 그것을 마시며 이야기를 나눠야 할 것이다).

지는 부수적인 피해를 최소화하기 위해 필사적인 노력을 해야 할 것이다.

내가 이 책에서 가장 중요하게 다루고자 하는 것은 세례나 창조의 날, 혹은 천년설이나 기타 다른 어떤 이슈 그 자체가 아니다. 나를 알고 내 설교를 들어본 사람이라면 내가 이러한 주제들을 그렇게 자주 다루지 않음을 알게 될 것이다. 오히려 내가 가장 심혈을 기울이는 것은 예수 그리스도의 교회인 우리의 '하나 됨'과 사명에 이와 같은 쟁점들이 어떠한 영향을 미치게 되는지를 생각해 보는 것이다. 물론 후에 다시 논하겠지만, 이중에 어떤 쟁점들(특별히 창조의 날과 천년설)은 우리가 갈라설 만한 이유는 될 수 없다고 생각한다. 또한 나는 이러한 쟁점을 대하는 태도의 측면에도 관심을 갖고 있다. 어떻게 하면 우리는 친근하고 겸손하게, 그리고 사랑으로 우리의 생각을 전달할 수 있을까? 교회 밖에 있는 사람들과 대화하는 우리의 합당한 태도는 "은혜 가운데서 소금으로 맛을 냄과 같이"(골 4:6) 하는 것이며, 이는 당연히 다른 교단에 있는 사람들을 대할 때도 마찬가지다!

이와 같은 방식으로 교리적 차이들을 다루되 진리나 사랑에 있어 타협하지 않기 위해서는 여러 가지 교리에 대해 순위를 매기는 기술을 연마해야 할 필요가 있다. 따라서 제2부에서는 실제로 어떻게 신학적 선별작업을 하는지에 대해 살펴보고자 한다.

제1 순위의 교리는 무엇인가? 제2 순위는 무엇인가? 제3 순위는 무엇인가? 그리고 우리는 어떻게 그것을 알 수 있는가?

제2부
신학적 선별작업의 실제

4장
1차적 교리를 위해
마땅히 싸워야 하는 이유

전장에서와 마찬가지로 신학에서도 목숨을 걸고 지켜야 할 것이 있다. 그것을 잃으면 모든 것을 잃는다. 제2 혹은 제3 순위의 교리는 그것이 혹시 잘못되어도 삶과 목회에서 여전히 열매를 맺을 수 있지만, 제1 순위의 교리를 부정하면 생명을 잃는 것이다.

제1 순위의 교리가 복음에 본질적인 이유는 무엇인가? 그리고 어떤 것이 제1 순위의 교리이고 어떤 것이 그렇지 않은지 우리는 어떻게 알 수 있는가?

이번 장에서는 교리의 순위를 매기는 일련의 기준을 제시하고, 동정녀 탄생과 칭의를 예로 들어 제1 순위 교리가 복음을 수호하는 데 필수적인 이유 두 가지를 명시하고자 한다. 동정녀 탄생과 칭의 교리는 제1 순위 교리에 사활이 걸려 있는 이유를 보여주는 유익한 사례이다. 이에 우리가 제1 순위 교리를 위해 싸워야 하는 두 가지 이유를 다음과 같이 제시하고자 한다. 이 둘은 한 편으로는 중첩되지만, 또한 구분되기도 하는 것들이다.

- 제1 순위에 속하는 어떤 교리(예컨대 동정녀 탄생)는 싸워서 지켜내야 한다. 왜냐하면 그것을 통해 복음과 그에 반하는 이념이나 신앙, 혹은 세계관 사이에 분명한 구분선을 그을 수 있기 때문이다.
- 제1 순위에 속하는 어떤 교리(예컨대 칭의)는 싸워서 지켜내야 한다. 왜냐하면 그것이 복음의 핵심 내용이기 때문이다.

좀 더 간단하게 말하자면, 제1 순위의 어떤 교리는 복음을 지켜내는 데 필요하고, 또 어떤 교리는 복음을 선포하는 데 필요하다. 즉 그러한 교리가 없는 복음은 쉽게 무너지거나 불완전해진다.

제1 순위 교리의 중요성을 명시하기 위해 어쩌면 더 많은 이유를 댈 수도 있을 것이고, 따라서 당연히 더 많은 예를 나열할 수도 있을 것이다. 하지만 이렇게 간단히 살펴보는 것만으로도 복음에 본질적인 교리를 수호하기 위해 우리에게 용기와 신념이 필요하다는 점이 드러나기를 바란다.

여러 가지 교리에 순위 매기기

우리는 어떤 방식으로 특정 교리의 중요성에 순위를 매길 수 있는가? 에릭 쏘우너스(Erik Thoennes)는 다음과 같이 일련의 유용한 기준들을 제시한다.

1. 성경적 명확성

2. 하나님의 성품과의 관련성

3. 복음의 본질과의 관련성

4. 성경에서의 빈도와 중요성(그에 관한 교훈이 성경에 얼마나 자주 나타나며, 성경은 거기에 어느 정도의 무게를 두는가)

5. 다른 교리에 미치는 영향

6. 그리스도인들의 합의(과거와 현재)

7. 개인과 교회의 삶에 미치는 영향

8. 성경의 가르침을 거부하는 현 시대의 문화적 압박[52]

쏘우너스의 기준에서 반복적으로 나타나는 뚜렷한 특징은 해당 교리가 하나님의 성품(2), 복음(3), 다른 교리(5), 기타 교회와 개별 그리스도인의 삶(7) 등에 전반적으로 어떤 영향을 미치는지에 관심을 갖고 있다는 점이다. 이는 이 책의 중요한 주제와 관련이 있다. 즉 신학적 선별작업은 1차적으로 지적인 작업이 아니라 실천적인 작업이라는 것이다. 주로 기술적인 정확성에만 신경을 쓰며 추상적으로 교리를 다루는 것은 신학적 지혜가 아니다. 그보다는 실재하는 사람과 상황, 그리고 교회에 미치는 "실생활"적인 영향이라는 측면에서 교리를 다루는 것이 신학적 지혜이다.

그렇기 때문에 지적인 능력이나 학문적 연구는 신학적 선별작

---

52 Erik Thoennes, *Life's Biggest Questions: What the Bible Says about the Things That Matter Most* (Wheaton, IL: Crossway, 2011), 35 – 37.

업을 잘하기 위한 유일한 요소나 혹은 가장 중요한 요소라고 할 수 없다. 오히려 경건에 대한 열망과 교회의 번영을 위한 열망이 그에 못지않게 중요하다. 이와 같이 실제적인 삶에 대한 관심이 있을 때 경건하고 현명한 판단을 내릴 수 있는 일종의 직감 같은 것이 생겨날 수 있고, 또한 개인적인 호감이나 비호감, 혹은 편견과 같이 자기 안에 갇혀 있는 생각들을 걸러내는 데도 도움이 된다. 심지어 신학적인 논쟁을 할 때에도 우리의 사적인 호불호보다 하나님 나라를 더 앞세울 수 있는 자제력을 보일 수 있어야만 한다.

또 한 가지 우리가 기억해야 하는 것은 쏘우너스가 제시한 것과 같은 기준들이 누적합산하는 방식으로 종합적으로 기능한다는 점이다. 어느 하나의 교리가 여덟 개의 기준을 전부 다 만족시키지 않고서도 제1 순위의 교리가 되는 것도 가능하다. 예를 들어 동정녀 탄생은 성경의 단 몇 군데에서만 언급되지만(4항의 기준), 그래도 제1 순위 교리의 자격이 있다. 마찬가지로 어떤 교리는 여러 개의 기준을 만족하면서도 여전히 제1 순위가 되기에는 부족한 것들이 있다. 예를 들어 동서고금을 막론하고 그리스도인들에게 널리 인정받는 교리라고 해서(6항의 기준) 정통이 된다고 할 수는 없는데, 매장과 화장에 관한 그리스도인들의 견해와 같은 것이 그 한 예가 될 수 있을 것이다.

웨인 그루뎀은 교회나 단체가 신학적으로 전에 없던 새로운 경계선을 긋는 문제를 고려할 때 질문해 보아야 할 것들의 목록을 제시한다.

1. 확실성 : 이 가르침이 틀렸다는 것을 우리는 어떻게 확신할 수 있는가?

2. 다른 교리에 미치는 영향 : 이 가르침으로 인해 다른 교리가 심각하게 훼손될 가능성이 있는가?

3. 개인의 삶과 교회 생활에 미치는 영향 : 이 잘못된 가르침으로 인해 사람들의 기독교적 삶이나 교회의 일이 심각한 해를 입게 되는가?

4. 역사적 선례 : 이 가르침은 인류 역사 속에서 성경을 믿는 절대다수의 교회가 지켜온 믿음과 반대되는가?

5. 하나님의 백성이 사안의 중요성을 인식함 : 이 거짓 가르침을 교리적 선언문에서 명확하게 부정하는 것은 너무도 중요한 문제라는 공통적인 인식의 확대가 있는가?

6. 단체의 목적 : 이 가르침은 단체의 본질과 목적에 심각한 위해가 되는가?

7. 지지자들의 동기 : 사람들이 이 가르침을 지지하는 이유가 자신들이 받아들이는 해석학적 기준에 따른 순전한 해석의 차이 때문이 아니라, 근본적으로 하나님의 말씀이 가진 권위에 순복하는 것을 거부하기 위한 것으로 보이는가?

8. 지지자들의 방법론 : 이 가르침을 지지하는 사람들에게서 흔히 드러나는 모습은 겸손하고 친절한 태도와 순전한 진실성, 그리고 잘못된 것을 바로잡고 이성적으로 사고하는 것에 열려 있는 모습인가, 아니면 교만하고 기만적이며 불의하게 분노하고 비방하고 거짓을 일삼는 모습인가?[53]

---

53 Wayne Grudem, "Why, When, and for What Should We Draw New Boundaries?," in

쏘우너스가 제시한 것과 마찬가지로 그루뎀의 목록 역시 어떤 교리가 실제적으로 미치게 될 전반적인 영향에 집중하고 있다(특히 2번과 3번 항목). 물론 주의를 요하는 부분도 있는데, 특히 7번 항목과 관련하여 우리는 다른 사람의 동기를 온전히 다 알 수 없기 때문이다. 또한 그루뎀은 특정한 교리에 대해 생각할 때 염두에 두어서는 안 되는 몇 가지 그릇된 질문들도 알려준다.

- 지지자들은 나의 친구인가?
- 그들은 좋은 사람들인가?
- 그들을 내치면 돈과 사람을 잃게 될까?
- 학계에서 우리를 지나치게 편협하다고 비판할까?
- 이로 인해 소송이 발생하게 될까?[54]

이러한 질문을 통해, 우리는 신학적 선별작업을 해 나가는 동안 객관성을 잃어버릴 위험이 우리에게 있음을 보게 된다. 따라서 나는 그와 같은 맥락 속에서 다음과 같은 질문을 하나 더 해보면 어떨까 한다. "나에게 개인적인 영향을 미친 이 교리 때문에 싸워야만 했던 적이 있나?" 개인적인 사연이 있는 교리는 그 중요성을 과장하기가 쉽다.

Beyond the Bounds: Open Theism and the Undermining of Biblical Christianity, ed. John Piper, Justin Taylor, and Paul Kjoss Helseth (Wheaton, IL: Crossway, 2003), 362 - 69.

54 Grudem, "Why, When, and for What Should We Draw New Boundaries?," 369.

그루뎀과 쏘우너스가 제시한 목록은 다소 긴 느낌이 있다. "여차하면" 쓸 수 있도록 좀 더 짧은 기준을 원한다면 다음과 같은 네 가지 질문을 사용해볼 수 있겠다.

1. 이 교리에 대해 성경은 얼마나 명확한가?
2. 이 교리는 복음에 얼마나 중요한가?
3. 이 교리와 관련하여 역사 속 과거 교회는 어떤 증언을 하고 있는가?
4. 이 교리가 오늘날의 교회에 미치는 영향은 무엇인가?

이와 같은 성경적, 신학적, 역사적, 실천적 질문들 안에 모든 것을 다 담을 수는 없겠지만, 신학적 선별작업을 위해 유용한 출발점이 될 수 있다. 개중에는 교회 역사의 증언(3)이 어떻게 종교개혁의 원리인 쏠라 스크립투라(sola Scriptura, 오직 성경으로)와 관련이 있는지 궁금해하는 사람도 있을 것이다. 하지만 종교 개혁자들이 성경을 우리의 유일한 궁극적 권위라고 주장한 것은 교회의 역사적 증거를 아예 배제하려는 의도가 결코 아니다. (상대적으로 덜 권위를 갖는 것으로부터) 신학적 선별작업을 위해 믿음의 선조들이 보여주었던 지혜를 주의 깊게 살펴보는 것은 합당하고도 필요한 일이다.[55] 그

---

55 나는 이 주장을 다음의 글에서 더욱 온전히 발전시켰다. Gavin Ortlund, *"Sola Scriptura Then and Now: Biblical Authority in Late Medieval and Reformation Context,"* Credo 6, no. 4 (December 2016); January 31, 2017, https://credo mag .com/2017/01/sola-scriptura–then–and–now–biblical–authority–in–late–medieval–and–reformation–context/에서 찾아볼 수 있음.

리고 그와 동시에 '오직 성경'의 원리는 최종적이고 규범적인 권위라는 독특한 위치를 차지하고 있다. 이는 웨스트민스터 신앙고백서에서 다음과 같이 인정하고 있는 바와 같다. "최고의 심판자로서 신앙에 관한 모든 논쟁에 결정을 내리고, 공의회의 모든 결의와 고대 저자들의 견해는 물론 사람의 교훈과 개인적인 사상을 감찰하며, 우리가 의지해야 할 판결을 내리는 분은 오직 성경 안에서 말씀하시는 성령님뿐이시다."[56]

제1 순위 교리는 구원에 필수적인가?

구원을 경험하기 위해 반드시 확언해야만 하는 교리를 본질적인 교리라고 정의할 때가 있다. 그러나 어떤 상황에서는 지식의 양이 매우 적은데도 구원을 경험하는 사람이 있다. 십자가에 달린 도둑이 그 대표적인 예다. 그 도둑이 개인적으로 삼위일체를 인정했는지는 분명치 않지만, 그가 처해 있던 상황에서 그러한 지식을 갖고 있었으리라고 보기는 굉장히 어렵다. 설사 이러한 가정이 사실이라고 주장을 한다 해도 그것만으로 삼위일체가 제1 순위 교리에서 탈락하는 것은 아니다.

이와 관련하여 몇 가지를 구분해 보는 것이 도움이 될 수 있다. 첫째, 확언되어야만 하는 것과 부정해서는 안 되는 것을 구분해야

---

56 웨스트민스터 신앙고백, 1,10.

한다.[57] 그리스도인들 중에는 정신적인 능력이나 신학적인 인식, 혹은 의사소통 능력의 면에서 여러 가지의 제1 순위 교리를 말로 표현할 능력이 부족한 사람들이 있다. 예컨대 당신은 여덟 살짜리 아이가 그리스도의 신성과 인성의 관계에 대해 확신에 찬 진술을 할 수 있어야만 그 아이에게 진정한 믿음이 있다고 하겠는가? 당연히 그렇지 않다. 그럼에도 그것은 여전히 제1 순위의 교리이다. 복음을 고백하는 것 안에는 언제나 그 교리가 내재되어 있으며, 따라서 그것을 부정해서는 안 된다.

이와 관련하여 또 하나 구분해야 할 것은, 그리스도인이 되는 시점에 확언해야 하는 것과 시간이 감에 따라 그리스도 안에서 성장해 가면서 나타나는 특징으로서 확언해야만 하는 것이 있다. 모든 그리스도인이 회심을 하는 순간에 제1 순위의 교리를 전부 다 확언해야 한다고 요구하는 일은 유익하지 않을 것이다. 실제 삶 속에서는 사람들이 제1 순위의 교리를 전부 다 들어보지 못한 상태에서 그리스도께 나아오는 일이 흔히 있으며, 시간이 흐르면서 이러한 교리를 조금씩 더 잘 이해하게 된다(바라기는 그 과정이 빠르면 빠를수록 좋겠지만).

이에 더하여 제1 순위 교리를 부정하는 경우에는 그것이 무지나 혼돈에서 비롯된 것인지, 아니면 알면서도 의도적으로 부정하는

---

57 On this point, see Michael E. Wittmer, *Don't Stop Believing: Why Living Like Jesus Is Not Enough* (Grand Rapids, MI: Zondervan, 2008), 43.

것인지를 구분해야만 한다. 아무리 독실한 그리스도인이라 해도 여러 가지의 제1 순위 교리를 처음부터 끝까지 말끔하게 이해하고 있기란 어려운 일이며, 따라서 그와 관련하여 불완전한 진술이나 기도, 혹은 단언을 하게 될 수 있기 때문이다. 아마 하나님 아버지께서 십자가에 달려 죽으신 것에 감사하다는 기도를 들어본 사람이 많이 있을 것이다. 엄밀히 말하자면 이는 초대 교회로부터 이단으로 배척된 성부수난설(patripassianism)이라 불리는 사상이다. 하지만 이런 실수를 저질렀다고 해서 그를 이단이라고 선언하는 일은 목회적인 관점에서 볼 때 엄청난 실수가 될 것이다. 우리는 혼란에 빠진 양과 적극적인 이리를 구분해야만 한다.

혹시 참된 그리스도인인데도 제1 순위의 교리를 부정하는 경우가 있을까? 어떤 이의 구원에 대해 확신하면서도 그의 오류를 용납해줄 수 있는 선은 어디까지인가? 답하기 힘든 질문이다. 때론 머리보다 가슴이 더 훌륭한 신학을 할 때가 종종 있다.

이번 장에서 나는 동정녀 탄생을 필수적인 것으로 볼 것이다. 하지만 (그것을 부정한) 에밀 브루너를 거듭나지 않은 사람이라고 판단하지는 않는다. 다른 사람의 구원을 판단하는 것은 위험한 일이다. 우리는 사람의 마음속을 들여다볼 수 없으며, 그의 마지막 생각과 최종적인 결정을 알 수 없기 때문이다. 판단은 궁극적으로 하나님이 하실 일이며, 우리는 신중을 기하는 것이 지혜로운 일이다.

구원을 얻기 위해서는 제1 순위의 교리 전부를 말로 잘 표현해낼 수 있기를 주장하기보다는, 누군가 알면서도 고집스럽게 제1

순위의 교리를 부정한다면 우리는 그 사람의 구원에 대해 확신할 수 없다고 말하는 것이 보다 신중한 태도일 것이다. 하지만 누군가의 영혼이 어떤 상태에 있는지를 추측하는 것보다 그를 우리 교회의 교인으로 받아들일 것인지에 초점을 맞추는 것이 어쩌면 더 나은 태도일 수 있다. 천국에 들어가는 것은 하나님이 규제하실 일이고, 우리가 해야 할 일은 교회로 들어오는 것을 규제하는 일이다. 이에 대해 헤르만 위트시우스(Herman Witsius)는 오래전에 다음과 같은 글을 남겼다. "어떤 오류나 죄 때문에 비난받을 만한 사람을 교회의 친교 안으로 받아들이는 것은 안전하거나 적절치 않을 수 있다. 그러나 그 오류나 죄 때문에 그를 감히 천국에서 배제시켜서는 안 된다."[58]

동정녀 탄생

동정녀 탄생은 오늘날 더 이상 교리 논쟁의 불쏘시개 역할을 하지는 않는다. 오히려 이 교리는 성경의 고등비평과 신학적 자유주의가 부상함에 따라 근본주의와 근대주의의 다툼 속에서 기독교 신앙의 다른 "본질적 요소들"과 함께 맹공을 받았다. 그럼에도 이것은 대표적인 제1 순위의 교리로서 복음에 반대되는 이념이나 세계관으로부터 복음을 수호하는 데 본질적인 교리이다. 1930년에

---

58 Herman Witsius, *Sacred Dissertations on the Apostles' Creed*, trans. Donald Fraser, vol. 1 (Grand Rapids, MI: Reformation Heritage Books, 2010), 28 – 29.

그레샴 메이첸은 교회의 역사와 성경 본문, 그리고 신학적 숙고를 기반으로 하여 동정녀 탄생을 지켜내기 위한 실질적인 방안을 제시했다.[59] N. T. 라이트가 부활과 관련하여 비교적 최근에 행한 역사적 논증을(역사의 무대 위에 갑작스레 등장하여 설득력을 얻었다) 메이첸은 거의 한 세기 전에 동정녀 탄생과 관련하여 했던 것이다.

400여 쪽에 걸쳐 동정녀 탄생에 대한 변론을 쏟아낸 메이첸은 "마지막으로 우리에게도 꼭 필요한 질문인, 그리스도인에게 동정녀 탄생이 얼마나 중요한가에 관한 질문에 도달하였다."[60] 메이첸의 답변 속에서 우리는 제1 순위 교리에 대해 신학적 선별작업을 시도하기 위한 유익한 모델을 발견하게 된다. 비록 그 배경이 되는 정황은 다르지만 메이첸의 변론에 담긴 원리들은 지금도 매우 적실하고 유용한 것이다.

우선 메이첸은 동정녀 탄생을 인정하는 것과 그것을 제1 순위 교리로 인정하는 것을 구분했다. 그는 당시에 "개인적으로는 동정녀 탄생을 믿어도 그러한 믿음이 모든 이에게 다 중요하다거나 혹은 교회의 공적인 증거로서 필수적이라고 생각지는 않는다고 말하는 사람이 많다는 것"을 알고 있었다.[61] 메이첸은 이러한 태도에 반대하며 동정녀 탄생은 사적으로 판단할 문제가 아니라 교회의 예

---

59 J. Gresham Machen, *The Virgin Birth of Christ* (1930; repr., Grand Rapids, MI: Baker, 1965).

60 Machen, *Virgin Birth of Christ*, 382.

61 Machen, *Virgin Birth of Christ*, 382.

배와 세상을 향한 증거, 그리고 생명력에 본질적인 것이라고 주장했다. 이 주장을 뒷받침하기 위해 그는 다음의 세 가지 사항을 전개해 나갔다.

첫째, 메이첸은 동정녀 탄생이 "성경의 권위라는 총괄적인 질문에 비추어볼 때 그 중요성은 너무도 명백하다"고 주장한다.[62] 사실 동정녀 탄생을 부인하는 사람들도 성경에서 이 교리가 인정되고 있다는 것은 대체로 받아들인다. 때문에 이러한 차이는 관련 본문에 대한 해석의 차이 때문에 생겨나는 것이 아니라 본질적으로 성경의 권위에 대한 다른 생각으로부터 생겨나는 것이다. 따라서 메이첸은 동정녀 탄생을 부인하면 성경의 많은 교리들이 위태롭게 된다고 주장한다.[63]

둘째, 메이첸은 동정녀 탄생이 중요한 또 하나의 이유는 그것이 "예수 그리스도를 자연적인 관점에서 보고 있는지 아니면 초자연적인 관점에서 보고 있는지를 확인하기 위해 자기 자신이나 타인을 시험해 볼 수 있는 근거가 되기 때문"이라고 주장한다.[64] 메이첸은 동정녀 탄생을 부정한다고 해서 반드시 초자연성을 부정하는 것은 아니며, 반대로 동정녀 탄생을 인정한다고 해서 그 역시 반드시 기독교의 모든 것을 다 인정하는 것도 아님을 알고 있었다. 그럼에도 그는 동정녀 탄생은 특히 정통 기독론과 근대주의자들의

---

62 Machen, *Virgin Birth of Christ*, 382.
63 Machen, *Virgin Birth of Christ*, 382–87.
64 Machen, *Virgin Birth of Christ*, 387.

수정주의적 견해를 구분하는 데 매우 유용한 리트머스 시험지라고 생각했다. 왜냐하면 그들은 그리스도의 "신성"과 "부활"을 확언은 하되 그 용어의 의미를 전혀 다르게 사용하기 때문이다.[65]

마지막으로 메이첸은 동정녀 탄생에는 내재적인 중요성이 있다고 강조한다. 즉 "동정녀 탄생의 이야기가 빠져 버리면 그리스도인들이 그리스도를 바라보는 데 심각한 결격사유가 생길 수 있다"는 것이다.[66] 동정녀 탄생은 예수님에 대한 기독교의 전체적인 메시지를 형성하는 핵심이며, 또한 그 메시지의 초자연적인 성격을 드러내고 수호하는 역할을 한다. 그와 관련하여 메이첸이 구체적으로 제시한 것들은, 동정녀 탄생을 통해 여러 가지 이단적 기독론으로부터 우리 자신을 지킬 수 있고, 성육신 교리를 온전히 수호할 수 있으며, 예수님께는 죄가 없다는 교리를 파수하고 그것을 더 밝히 드러낼 수 있다는 점이다.[67]

메이첸은 사람이 구원을 얻기 위해서는 동정녀 탄생을 인정하는 것이 필수적이라고까지 주장하지는 않았다. "사람이 구원 얻는 믿음을 얻기 위해서는 그리스도에 대해 얼마나 많이 알아야 하는지 그 누가 정확히 말할 수 있겠는가? 그것은 오직 하나님만 하실 수 있는 일이다."[68] 그렇지만 메이첸은 개인의 구원을 위해 확언해

---

65 Machen, *Virgin Birth of Christ*, 387 – 91.
66 Machen, *Virgin Birth of Christ*, 392.
67 Machen, *Virgin Birth of Christ*, 394–95.
68 Machen, *Virgin Birth of Christ*, 395.

야 하는 것과 우리 시대에 건전한 교회를 세우기 위해 확언해야 하는 것을 구분했다. "동정녀 탄생이 모든 그리스도인에게 다 필요하지는 않을지라도 기독교에는 그것이 반드시 필요하다."[69]

이 사안을 다루는 메이첸의 신중함을 통해서 우리도 제1 순위 교리에 대해 세밀한 구분이 필요함을 다시 한 번 생각하게 된다. 엄밀히 말해서 동정녀 탄생을 인정하지 않으면서도 성육신을 인정하는 것은 가능할 수도 있다. 하지만 동정녀 탄생을 부정하면 성육신을 바라보는 우리의 관점은 치명적인 타격을 입게 된다. 이에 대해 F. F. 브루스는 다음과 같이 썼다.

사실 우리 주님의 동정녀 탄생을 믿지 않으면서도 그분의 성육신은 받아들이는 사람들이 있다. 이는 마치 무슬림들이 그분의 동정녀 탄생은 믿으면서 성육신은 믿지 않는 것과 마찬가지다. 그러나 부인할 수 없는 사실은 교회는 역사적으로 그분의 성육신과 동정녀 탄생이 서로 긴밀하게 결속되어 있음을 믿었다는 것이다.[70]

브루스가 강조하고자 했던 것은 성육신 자체가 전무후무한 일이라면 그리스도께서 성육신하신 그 수단도 인간의 출생 중에서는 전무후무한 일임은 당연할 뿐만 아니라 심지어 불가피한 것이었음

---

69 Machen, *Virgin Birth of Christ*, 396.

70 F. F. Bruce, "The Person of Christ: Incarnation and Virgin Birth," in *Basic Christian Doctrines*, ed. Carl F. H. Henry (New York: Holt, Rinehart, and Winston, 1962), 128.

이 드러난다는 사실이다.[71] 이에 브루스는 W. R. 매튜스가 내린 결론을 그의 동의 하에 다음과 같이 인용했다. "우리가 비록 동정녀 탄생 없이도 성육신을 믿을 수는 있지만, 그것은 동일한 종류의 성육신은 아닐 것이며, 하나님께서 그리스도 안에서 이루시는 구속이라는 개념도 미묘하지만 분명하게 달라질 것이다."[72]

메이첸이 동정녀 탄생을 다루는 모습은 오늘날 우리가 제1 순위 교리의 중요성을 되새기는 데 도움이 된다. 우선적으로 그는 제1 순위의 교리는 우리의 신학 안에서 성경의 권위와 관련 있는 경우가 흔히 있음을 강조하고자 했다. 제2와 제3 순위의 교리에 대해 이런저런 견해 차이가 생기는 이유가 결국에는 성경의 권위를 지지하는 사람들 사이에 생기는 해석의 차이 때문이지만, 제1 순위의 교리를 받아들이는지 여부는 성경 그 자체를 받아들이는지 여부의 핵심 요소인 경우가 많다(이것을 인정하든 말든).

성경의 권위는 교회의 사활과 건강이 걸린 가장 중요한 사안 중의 하나이다. 그것을 통해 우리는 우리가 심판자가 아닌 심판을 받는 자라는 사실을 분명히 깨닫기 때문이다. 설사 관념적으로는 성경에 대해 높이 평가한다 할지라도 그 외의 다른 이념이나 가치를 통해 성경의 권위적 기능을 걸러내는 것은 그리 어려운 일이 아니다. 그러나 건강한 그리스도인은 하나님의 말씀을 통해 끊임없이

---

71 Bruce, "Person of Christ," 128.
72 Bruce, "Person of Christ," 129 – 30.

잘못된 것을 바로잡고 고치는 사람이며, 이렇게 바로잡는 과정에 말씀에 순종할 뿐만 아니라 말씀을 기뻐하는 사람이다. 제1 순위 교리를 위해 마땅히 싸워야 하는 이유도 바로 그것을 부정하면 하나님의 말씀의 권위와 교정하는 역할을 약화시키기 때문이다.

메이첸이 제시한 두 번째 항목을 좀 더 생각해 보면, 우리가 제1 순위 교리에서 자주 발견하게 되는 특징은 그것이 역사적 기독교와 현대의 이단적 사상이나 유행 사이에서 더 큰 세계관 충돌과 깊이 연관되어 있다는 점이다. 복음은 언제나 "시대의 정신"과 대결 구도를 이룬다. 예를 들어, 메이첸의 시대에는 (성경의 가르침과 교회 역사에서 그리스도인들의 합의 위에 세워진) 역사적 기독교가 그에 대립하는 신앙관(곧 반초자연주의적 전제를 바탕으로 하는 근대주의)으로부터 공격을 받았던 쟁점 중의 하나가 바로 동정녀 탄생이었다.

이와 비견할 만한 상황은 어느 세대에나 있을 수 있다. 진리는 변하지 않지만 문화는 끊임없이 변화하기 때문이고, 따라서 그 둘 사이에는 언제나 충돌하는 지점이 생기기 마련이다. 제1 순위 교리를 위해 마땅히 싸워야 하는 한 가지 이유는 그것을 지키는 것이 곧 복음을 지키는 것과 연결되어 있는 경우가 많기 때문이다. 이는 지나간 시대에서나 현재 당면한 공격에 있어서나 마찬가지다. 그러므로 제1 순위의 교리는 대개 역사상 여러 교단과 전통에 속한 그리스도인들이 함께 인정한 것들이며, 보편신조와 공의회의 결정 안에 명시적으로 나타나거나 최소한 그 행간에 내포되어 있다. 그리고 대개는 C. S. 루이스가 "순전한 기독교"라고 칭한 그 범위 안에 잘 들어맞는다.

마지막으로 메이첸(그리고 브루스)이 동정녀 탄생과 복음의 관계를 설명한 방식과 궤를 같이 하여 말을 하자면, 제1 순위의 교리는 복음과 매우 친밀하고 밀접한 관계에 있기 때문에 그것을 부정하면 복음 자체가 파괴된다고 할 수 있다. 이 관계에는 복잡한 양상이 있을 수 있다. 왜냐하면 제1 순위의 교리라고 해도 복음에 대한 중요성이 전부 다 동일하지는 않을 수 있고, 혹은 중요하기는 해도 그 방식이 제각각 다를 수 있기 때문이다. 예를 들어 아래에서 내가 칭의에 대해 변론할 때는 지금 동정녀 탄생에 관한 것보다 이 점을 더욱 강조할 것이다. 하지만 제1 순위 교리를 부정하는 것은 결코 복음에 대하여 중립적인 문제일 수 없다. 어떤 식으로든 복음을 힘있고 건강하게 증거하기 위해서는 제1 순위의 교리가 언제나 중요하다.

오직 믿음으로 얻는 칭의

개신교 종교개혁자들은 믿음으로만 얻는 칭의를 복음의 본질적 요소라고 여겼다. 사실 그들이 이 점에 대해 얼마나 힘주어 말했는지는 아무리 강조해도 지나침이 없는데, 필립 라이큰(Philip Ryken)은 그것을 다음과 같이 요약한다.

존 칼빈은 칭의를 일컬어 "구원의 요체"라고 했다. 영국의 개혁자 토머스 크랜머는 그것을 "기독교 신앙의 굳건한 반석과 기초"라고 묘사했다. 그 중에서도 아마 가장 잘 알려진 것은 마르틴 루터가 칭의를 "기독교 교리의 첫째 항목"이라고 부르며, 따라서 "칭의가 무너지면 모든 것이 무너진다."고 했던 말일 것이다.[73]

이렇게 보면 칭의는 가장 본질적인 제1 순위의 주제인 것처럼 보인다. 하지만 처음부터 칭의에 동의하지 않는 경건한 그리스도인들이 있었다는 사실에 우리는 난관에 봉착하게 된다. 개신교에서 보통 칭의(의롭게 된 상태를 최초로 선언하는 것)라고 부르는 것과 성화(기독교적 삶을 통해 의로움 가운데 계속해서 성장해 가는 것)라고 부르는 것 사이의 구분은 초대 교회와 중세 교회에서는 거의 찾아보기 힘든 개념이었다. 예를 들어, 성 아우구스티누스는 위의 두 가지 실체가 칭의에 다 포함되는 것으로 생각했고, 따라서 개혁자들이 했던 방식대로 우리가 의롭다고 선언되는 것과 우리가 의롭게 되어 가는 것을 나누려 하지 않았다.[74] 그뿐 아니라 개신교 전통에서도 리차드 백스터 같은 그리스도인들은 이중 전가의 개념을 부정하며 (그 대신에 그는 신자들에게 전가되는 것은 죄 용서이지 그리스도의 의가 아니라고 확언함) 칭의를 과정(process)으로 받아들인다.[75] 칭의라는 주제에 대

---

73 Philip Graham Ryken, "Justification," in *The Gospel as Center: Renewing Our Faith and Reforming Our Ministry Practices*, ed. D. A. Carson and Timothy Keller (Wheaton, IL: Crossway, 2012), 153-54.

74 Alister E. McGrath, Iustitia Dei: *A History of the Christian Doctrine of Justification*, 3rd ed. (Cambridge: Cambridge University Press, 2005), 31

75 Thomas Schreiner, *Faith Alone: The Doctrine of Justification*, The 5 Solas (Grand Rapids, MI: Zondervan, 2015), 76-77에 보면 백스터의 견해에서 나타나는 몇 가지 미묘한 차이

해 그리스도인들 사이에 나타나는 견해 차이를 과장해서 말하기는 쉽지만, 그럼에도 그러한 차이가 존재한다는 것 자체는 이론의 여지가 없는 사실이다.

따라서 칭의의 교리를 제1 순위 교리로 다룰 때 우리가 기억해야 할 점은, 이 교리에는 다양한 구성요소들이 있는데 그 각각의 요소들 하나하나가 꼭 전체 교리만큼 그렇게 중요한 것은 아니라는 점이다. 내가 오직 믿음으로만 얻는 칭의를 제1 순위 교리로 인정한다는 말은 믿음으로만 얻는 칭의 "그 자체"만을 뜻하는 것이지, 그 교리에 담겨 있는 여러 가지 미묘한 부분들까지 다 포함하는 것은 아니다. 다시 말해서 나는 하나님 앞에서 우리가 올바로 설 수 있는 것은 오직 은혜에 의한 것일 뿐 그 어떤 공로에 의한 것이 아니라는 기본적인 사실만을 다룰 뿐이다. 이것은 그리스도의 능동적 의와 수동적 의의 전가가 정확히 어떤 것인지에 대해 달리 이해하는 사람도, 바울의 새 관점에 대해 다른 입장을 취하는 사람도, 혹은 1999년에 발표된 『칭의론에 관한 공동선언문』이나 제2차 복음주의자-가톨릭 연대에서 출간한 내용 이후에 개신교와 가톨릭의 차이에 대해 다른 생각을 하는 사람도 누구든 확언할 수 있는 내용이다.[76] 이런 것들이 모두 중요한 쟁점들이지만, 여기서는 이

점을 강조한다.

76 이 문서들은 가톨릭의 칭의 교리가 개신교 쪽으로 좀 더 가까워졌음을 보여주는 지표다. 그러나 '오직 믿음으로'(sola fide)를 원리적으로는 인정하지만 전가에 관해서는 여전히 논란의 여지가 있으며, 이는 연옥이나 고해성사 등 가톨릭의 칭의 교리와 관련된 구원론의 전반적인 배경에 대해서도 마찬가지다.

책의 목적에 맞추어 보다 기본적인 주장, 곧 우리가 하나님 앞에 올바로 설 수 있는 것은 오직 은혜일 뿐 공로에 의한 것이 아니라는 점에만 초점을 맞추려고 한다.

이러한 논의에서 우리가 또 한 가지 잊지 말아야 할 것은, 앞에서도 이미 살펴본 바와 같이 어떤 교리를 확언하는 것이 반드시 그 교리를 깊이 연구하고 숙지해서 명확하게 표현하는 것과 동일한 의미는 아니라는 점이다. 그러므로 어떤 이가 오직 믿음으로만 얻는 칭의를 자신의 입으로 확언하지 않는다고 해서 그 사람의 마음과 양심에 그리스도를 통해 의롭게 되는 것에 대한 믿음이 없다는 뜻은 아니다. 존 오웬 역시 "은혜의 교리를 부인하는 사람도 진실로 그 은혜를 통해 구원받을 수 있으며, 의의 전가를 부인하는 사람도 그 의의 전가를 통해 의롭게 될 수 있다."고 말했다.[77]

톰 슈라이너(Tom Schreiner)는 칭의에 대한 전통적 개혁파의 입장을 수호하면서도 논란이 되는 쟁점에 대해서는 평화적이고 관대한 모습을 보이는 사람의 모범적인 예를 제시한다. 그는 어떤 사람이 특정한 단어나 슬로건 하나를 인정하거나 거부한다고 해서 그 사람을 성급하게 어떤 범주에 포함시키는 것에 대해 주의를 준다. 반대편의 견해가 어떤 것인지 제대로 이해하기 위해서는 우리에게 경청의 태도가 필요하다. "'오직 믿음으로(sola fide)'라는 표어를 거부

---

77 John Owen, "The Doctrine of Justification by Faith through the Imputation of the Righteousness of Christ; Explained, Confirmed, and Vindicated," in *The Works of John Owen*, ed. William H. Goold, vol. 5 (Carlisle, PA: Banner of Truth, 1965), 164.

하는 것이 반드시 다른 복음을 전하는 것은 아니다."라는 그의 경고는 귀 기울일 가치가 있다.[78]

그렇다면 기독교 신학의 전체적인 구도 안에서 칭의의 위치는 어떻게 되는가? 한쪽 편에서는 지나칠 정도로 칭의에 치중하는 일도 있을 수 있다. 예를 들어 어떤 루터교 신학자들은 칭의를 신학의 완전한 주제, 혹은 모든 신학적 진술에 대한 기준으로 받아들이기도 한다.[79] 이와 같은 견해를 성경에서 나타나는 칭의와 조화시킬 수 있는 길을 찾기는 쉽지 않다. 왜냐하면 성경의 칭의는 상호 보완적인 의미를 갖는 다른 교리들과 동일한 맥락 속에서 놓여 있기 때문이다.[80] 하지만 그와 반대 방향으로 칭의를 그저 복음을 통해 얻게 되는 여러 가지 다른 축복들과 동등한 위치에 있는 또 하나의 축복으로 생각하는 것은 실수다. 마이클 앨런(Michael Allen)은 복음의 여러 측면 중에서 칭의에 보다 고유한 특권을 부여하면서도, 그로 인해 그것이 기독교 신학 전체의 중심이 되지는 않도록 하는 건전한 균형점을 제시한다. 그의 표현을 빌자면, "칭의는 단순히 전체 안에 있는 하나의 개별 요소가 아니라…전체를 형성하

---

78 Schreiner, *Faith Alone*, 18.

79 Michael Allen, *Justification and the Gospel: Understanding the Contexts and Controversies* (Grand Rapids, MI: Baker Academic, 2013), 8-9 은 오스발트 바이어(Oswald Bayer)와 마크 매츠(Mark Mattes)가 이러한 취지로 주장한 것들과 웹스터(Webster)의 답변을 정리 및 분석해 놓았다.

80 Richard B. Gaffin Jr., *Resurrection and Redemption: A Study in Paul's Soteriology* (Phillipsburg, NJ: Presbyterian and Reformed, 1987)는 바울의 구원관에서 가장 핵심적인 역할을 하는 것은 그리스도와의 연합이라는 강력한 논증을 제시한다.

는 한 측면이다."[81] 우리는 칭의 그 자체가 복음의 전체라고 말할 수는 없지만, 그럼에도 전체 복음에 맞닿아 있다고 말할 수 있다.

이처럼 기독교 신학 안에서 칭의가 특별한 위치에 있는 이유는 무엇인가? 이 질문에는 여러 가지로 답을 할 수 있겠지만, 여기서 생각해 보고자 하는 것은 신약성경에서 사도들이 오직 믿음으로만 얻는 칭의를 지켜내기 위해 제법 자주 싸움에 뛰어들었다는 점이다. 사실 사도들은 여러 가지 주제와 관련하여 싸움을 피하려 하고 오히려 관용과 온건한 입장을 취해야 한다고 했던 적이 많았으며 (예컨대 롬 14장, 고전 8장을 보라), 그 반대로 논쟁으로 치달았던 경우는 상대적으로 극히 드물었다. 크레이그 블롬버그(Craig Blomberg)는 신약성경에서 강력히 배척하는 네 가지의 오류를 다음과 같이 제시한다. (1) 그리스도의 완전한 인성과 신성을 부인하는 모든 시도, (2) 믿음을 통해 은혜로 구원 얻는 것을 부인하는 모든 시도(율법주의나 경전주의, 또는 민족중심주의나 도덕률폐기론 등의 어떤 형태든), (3) 그리스도께서 육신을 입고 재림하시는 것을 부인하는 것, (4) 패배주의나 승리주의와 같이 성화의 교리를 왜곡시키려는 다양한 시도들이 그것이다.[82] 놀라운 점은 이 네 가지 사안들 중에 두 번째 것, 즉 결국에는 은혜를 부인하는 데까지 이르는 신학적 오류에 대해 신약성경

---

81 Allen, *Justification and the Gospel*, 12.
82 Craig Blomberg, "The New Testament Definition of Heresy (or When Do Jesus and the Apostles Really Get Mad?)," *Journal of the Evangelical Theological Society* 45, no. 1 (March 2002): 71.

안에서 참으로 많은 공을 들이고 있다는 것이다.

예컨대, 갈라디아서는 신약성경 중에서도 가장 논쟁적인 성격의 책이다. 다른 서신들에서 바울은 언제나 수신자들의 믿음에 대해 하나님께 감사를 전하는 말로 운을 뗀다. 심지어 고린도 교회의 신자들이 성찬 상에서 술에 취하는 등(고전 11:21) 교회 내에 끔찍한 잘못이 있을 때에도 그렇게 한다. 하지만 갈리디아에 있는 신자들에게는 다음과 같은 꾸짖음으로 그 포문을 연다. "그리스도의 은혜로 너희를 부르신 이를 이같이 속히 떠나 다른 복음을 따르는 것을 내가 이상하게 여기노라"(갈 1:6). 그리고 나서 바울은 그들이 받았던 것과 다른 복음을 전하는 모든 이에게, 설사 그것이 천사라 할지라도, 다음과 같은 저주의 말을 남긴다.

"그러나 우리나 혹은 하늘로부터 온 천사라도 우리가 너희에게 전한 복음 외에 다른 복음을 전하면 저주를 받을지어다. 우리가 전에 말하였거니와 내가 지금 다시 말하노니 만일 누구든지 너희가 받은 것 외에 다른 복음을 전하면 저주를 받을지어다"(갈 1:8-9).

무엇 때문에 바울은 갈라디아 교인들에게 이토록 신랄한 어조로 말하고 있는 것일까? 그들에게 전해진 이 "다른 복음"이란 도대체 무엇일까? 바울은 자신을 복음의 사도로 부르신 이야기를 설명한 후에, 베드로와 대립했던 사건을 통해 이 문제의 근원이 어디에 있는지 밝힌다. "사람이 의롭게 되는 것은 율법의 행위로 말미암음이 아니요 오직 예수 그리스도를 믿음으로 말미암는 줄 알므로 우리도 그리스도 예수를 믿나니 이는 우리가 율법의 행위로써가 아니고 그리스도를 믿음으로써 의롭다 함을 얻으려 함이라 율법의 행위로써는 의롭다 함을 얻을 육체가 없느니라"(갈 2:16). 여기서 바울이 명백하게 지적하고 있는 바는 행위로 인한 칭의를 인정하는 순간 필연적으로 복음을 부인하는 일이 뒤따라오게 된다는 것이다. 따라서 바울에게는 그리스도의 신실한 종으로서 그분의 복음을 지켜내기 위해 오직 믿음으로만 얻는 칭의를 수호하는 것이 반드시 필요하다. 이 점에서 결단을 내리지 못하면 곧 그리스도 자신에게서 떨어져 나가는 것이다. 그래서 바울은 갈라디아 교인들에게 그들은 "그리스도에게서 끊어진"(갈 5:4) 자들이라고 경고했다.

갈라디아서를 통해 우리는 목숨을 걸어야 할 교리가 있음을 다시 한 번 상기하게 되고, 오직 믿음으로만 얻는 칭의야말로 그러한 교리 중의 하나임을 되새기게 된다. 물론 참된 그리스도인들조차 칭의 교리에 관해 의견을 달리하는 미묘한 부분들이 있음은 이미 언급한 바 있다. 그러나 우리가 하나님 앞에 의롭게 되는 것은 우리의 선행이 아닌 오직 그리스도를 믿는 믿음을 통해서만 가능하다는 이 근본적인 주장만큼은 복음과 그리스도인의 실제적인 삶 구석구석에 필수불가결한 핵심이다. 예를 들어 우리는 매일의 삶 속에서 어떻게 하나님과 관계를 맺고 살아가며, 또 어떻게 그분을 예배해야 하는지, 우리의 삶 속에서 어떻게 죄와 싸워야 하는지, 교회로서 우리는 어떤 역할을 해야 하는지 등에 직접적인 영향을 미치게 된다. 존 베리지(John Berridge)는 교회의 건강의 사활이 달린 문제로 다음과 같이 칭의와 중생의 교리를 하나로 연결시켰다.

중생의 교리와 믿음으로 말미암는 칭의의 교리를 멸시하고 내버리면 성직자들의 노고는 쓸모 없게 될 것이고, 그들의 지위도 보잘것없게 될 것이며, 그들의 직분은 천시될 것이고, 결국에는 자기들의 역할과 사제의 의복을 부끄러워하게 될 것이다.[83]

J. I. 패커 역시 교회의 역사와 관련하여 다음과 같이 비슷한 말을 했다.

이 교리(믿음으로 말미암는 칭의)를 신약성경이 기록되던 당시처럼 이해하고 믿고 설교한다면, 교회는 하나님의 은혜 안에서 살아 있는 교회로 서게 된다. 그러나 이 교리를 중세 가톨릭 신앙이 했던 것처럼 소홀히 여기고 짓밟고 부인한다면 교회는 은혜에서 떨어지고 그 생명은 메마를 것이며 결국 어둠과 사망의 상태에 처하게 된다.[84]

그런데 위와 같은 패커의 언급에는 의문이 남는다. 만약 종교개혁 이전의 교회가 수많은 세대 동안 오직 믿음으로만 얻는 칭의를

---

83 John Berridge, *The Christian World Unmasked* (Boston: Gould and Lincoln, 1854), 180.
84 J. I. Packer, James Buchanan, *The Doctrine of Justification: An Outline of Its History in the Church and of Its Exposition from Scripture* (1867; repr., London: Banner of Truth, 1961), 1 의 서문에서.

잃어버렸었다면, 그것을 정말 보편적인 교리라 할 수 있는가? 신학적 선별작업을 하는 데 있어 교회 역사의 증거가 비록 최종적인 기준은 아니더라도 중요한 고려사항이 된다면(쏘우너스의 기준 6번 항목과 그루뎀의 4번 항목을 상기해 보라), 이와 같은 우려는 합당하다 할 것이다.

그러나 교회의 역사 속에서 칭의에 대한 잘못된 이해는 부풀려지기가 쉽다. 아니나다를까 이 교리와 관련한 끔찍한 악습이 행해진 적이 있었는데, 바로 중세 교회 말기에 면죄부 판매가 만연하고 기타 칭의에 대한 다른 폐해들이 기승을 부렸던 때가 바로 그때다. 하지만 토머스 오든(Thomas Oden)은 고대 기독교 전체에 걸쳐 구원은 믿음을 통해 은혜로 얻는 것이라는 생각이 널리 인정되고 있었다는 증거를 모아 제시하였다.[85] 오든 이전에도 물론 비슷한 주장을 했던 이들이 있었는데, 그 중에는 개혁파 칭의 교리의 확고한 대변자들이 있었다. 예를 들어 제임스 뷰캐넌(James Buchanan)은 칭의에 대한 교회의 이해에 부패함과 불완전함이 있음은 인정하면서도, 참된 신자는 "가장 어둡고 타락한 시대 가운데서도 이 교리를 통해 양분을 얻고 새로운 활력을 얻게 된다"고 주장했다.[86] 그는 자신의 사료 조사에 대한 결론으로 다음과 같이 주장했다. "믿음을 통해 은혜로 얻는 칭의라는 개신교의 교리는 루터와 칼빈이 교회

---

85 Thomas C. Oden, *The Justification Reader (Grand Rapids, MI: Eerdmans, 2002); Oden, Classic Christianity: A Systematic Theology* (New York: HarperOne, 1992), 583 – 622.

86 Buchanan, *Doctrine of Justification*, 93.

에 처음 소개한 것이 아니다…종교개혁이 있기 전 1,400년 동안에는 그러한 교리가 알려지지 않았다는 주장은 사실이 아니다."[87] 교회의 역사 속에 칭의에 대한 견해 차이가 있었다는 사실을 대수롭지 않게 여겨서도 안 되겠지만, 이 교리의 핵심적인 의미는 놀랍게도 늘 유지되어 왔다.

마땅히 싸워야 할 교리

우리의 신학에는 바울이 갈라디아 교인들에게 보낸 편지에 담겨 있는 비판적인 어조와 메이첸의 논쟁에서 나타나는 기개와 결단을 아우를 수 있는 어떤 범주가 필요하다. 복음의 증거를 어떤 상황에도 두루두루 잘 어울리는 일반적인 미덕 정도로 격하시켜서는 안 된다. 싸워야 할 때는 싸워야 하는 법이다. 목숨을 바쳐서라도 절대로 포기할 수 없는 것이 있다.

성격상 신학적 논쟁을 선호하지 않는 이들이 많다. 오류를 지적하고 반박하기보다는 그저 복음을 설교하고자 한다. 선호의 측면에서는 그것이 바람직하다. 유다서의 표현을 생각해 보자. "우리가 일반으로 받은 구원에 관하여 내가 너희에게 편지하려는 생각이 간절하던 차에 성도에게 단번에 주신 믿음의 도를 위하여 힘써 싸우라는 편지로 너희를 권하여야 할 필요를 느꼈노니"(유 3). 복음을 널리 알리는 일은 간절함으로 해야 하나, 그것을 위해 싸우는 일은

---

87 Buchanan, *Doctrine of Justification*, 111.

필요성에 따라 해야 한다. 하지만 안타깝게도 어떤 그리스도인들은 정반대로 행동한다.

그러나 결국에는 믿음을 널리 알리는 일 역시 싸움을 피할 길이 없다. 그 누구도 평생 오류를 피해 다니기만 할 수는 없기 때문이다. 바울에게는 그것이 1세기의 유대주의자들이었고, 메이첸에게는 20세기 근대주의자들이었듯이, 우리에게도 우리 시대의 오류가 있다. 복음에는 논란과 분열의 여지가 너무도 많아서 공격을 면할 수 없다. 메이첸의 말처럼 "다른 영역과 마찬가지로 신앙의 영역에서도 사람들의 견해가 일치하는 것들은 지켜낼 가치가 별로 없는 것인 경우가 많고, 정말로 중요한 것은 사람들이 싸움을 일으키는 것들이다."[88] 그러므로 복음의 가치에 상응하는 열심으로 그것을 지켜내고자 하는 의지가 없다면 복음 사역이 장기적으로 열매를 맺는 일은 불가능하다.

과연 우리가 목숨을 바칠 만한 교리가 있는가? 어떤 상황에서도 우리는 이 시대의 정신으로부터 복음을 구별해 주는 교리를 굳건히 지켜낼 의지가 있는가? 그렇지 못하다면 우리는 그리스도의 충성된 종이 아니며, 그분의 나라를 가져오는 일에 열매를 맺지 못할 것이다.

---

88 J. Gresham Machen, *Christianity and Liberalism* (New York: Macmillan, 1923), 1 - 2.

5장
2차적 교리의
복잡성 속에서 길 찾기

4장에서 나는 제1 순위 교리에 상응하는 합당한 마음가짐은 용기와 신념이라는 논증을 펼쳤다. 6장에 가서는 제3 순위 교리에 대한 합당한 마음가짐은 신중함과 절제심이라고 주장할 것이다. 그리고 이제 제2 순위 교리에 관한 우리의 마음가짐은 지혜와 균형이 되어야 한다고 생각한다.

"제2 순위 교리"란 기독교 교리의 중간에 있는 것으로 복음을 이해하고 표현하는 방식에서 뚜렷한 차이가 나타나지만, 그렇다고 일반적으로 그것을 부정한다고 해서 복음을 부정한다고까지는 볼수 없는 것을 뜻한다. 제2 순위의 교리는 복음에 본질적이지는 않지만, 그 중요성에 대한 인식의 차이가 꽤 커서 때로는 교단이나 교회, 혹은 사역에 있어서 분열이 일어나는 일이 흔히 있다. 이러한 쟁점들은 사도신경의 울타리 밖에 있기는 하지만, 그래도 단순히 성경의 난제, 예컨대 다니엘서의 모호한 본문을 어떻게 해석하느냐 하는 문제보다는 더 중요한 사안이다.

이번 장에서는 제2 순위 교리가 중요한 두 가지 광범위하고 다소간 서로 중복되는 이유에 대해 주목해 보고자 한다. 첫째, 제2 순위 교리는 비록 복음에 본질적이지는 않지만, 우리가 복음을 이해하고 그것을 증거하는 일에 막대한 영향을 미친다. 둘째, 제2 순위 교리는 우리의 교회 생활과 사역에 실천적인 차이를 발생시킨다. 예컨대 이러한 교리에 대해 서로 다른 신념을 갖고 있는 상황에서 공식적인 연합을 추진하면 분열과 혼란, 그리고 양심을 침해하는 일이 발생하는 경우가 자주 있다. 이러한 이유 때문에 특정한 상황에서 그리스도인들이 이 교리에 대한 견해 차이로 서로 갈라서는 일은, 궁극적으로는 유감스럽지만, 한편으로는 이해할 수 있고 또 적절한 일이다.

구체적으로 복음주의권에서 논쟁이 되고 있는 제2 순위 교리 세 가지를 다루어 볼 것이다. (1) 세례(특히 신자의 세례와 유아세례에 관해), (2) 영적 은사(특히 중단론과 지속론에 관해), (3) 여성 안수(특히 상호보완론과 평등론에 관해). 이러한 쟁점들에 관해서는 아주 간략하게만 다룰 것이며, 그에 대한 해결책을 제시하려 하지는 않을 것이다. 오히려 내가 목표로 하는 바는 이런 교리적 논쟁이 왜 유독 제2 순위 교리 안에서 넓게 나타나는지를 보이고, 우리가 이러한 상황에 어떻게 처신해야 할지에 대해 배우고 협력하는 일을 독려하고자 하는 것이다.

이 책 전체에서 가장 어렵고 복잡한 내용을 이번 장에서 다룰 것이다. 따라서 앞으로 소개할 내용 가운데 내가 잘못된 판단을 할 수도 있다는 사실을 나는 분명히 인식하고 있다. 그뿐 아니라 나의 설명 역시 어느 정도는 내가 익숙한 배경 안에만 국한된 것일 수 있다는 점도 알고 있다. 그럼에도 여기서 내가 그와 같은 평가를 제시하는 이유는 비록 처한 상황이나 신념은 나와 다를지라도 제 2 순위의 교리들을 잘 정리해 나가고자 하는 분들에게 도움이 되기를 바라는 마음이 있기 때문이다. 고로 이번 장을 통해서 기껏해야 제2 순위 교리에 대한 신학적 선별작업의 어려움만 더욱 부각될 뿐이라 할지라도, 그로 인해 우리가 조금 더 겸손하게 기도하고 연구하게 된다면 그것만으로도 충분히 제 역할을 다했다고 할 수 있을 것이다.

2차적 교리에 순위를 매기는 것이 어려운 이유

어떤 교리는 순위를 매기는 것이 수월하다. 예를 들어, 삼위일체 교리에는 망설임 없이 제1 순위의 번호표를 붙일 수 있다. 그것은 복음의 기초가 되며, 그 핵심 내용은 성경에 명확하고 풍성하게 나타나 있을 뿐만 아니라, 초기의 보편 신조와 공의회의 결정을 통해 체계적으로 정리되어 있다. 또한 그것은 그리스도인의 삶의 모든 측면에 실제적인 연관성이 있다.

그러나 모든 교리가 이처럼 서너 개의 범주 중 어느 하나에 딱 들어맞는 것은 물론 아니다. 교리는 그 중요성에 따라 스펙트럼이 있는데, 어떤 교리는 두 개의 범주가 맞닿아 있는 경계선상에 있다고 결론내릴 수도 있다. 예를 들어 2차적 교리 중에 어떤 것은 거의 본질적이라고 할 수도 있는 반면, 어떤 것은 거의 3차적 교리라고 할 수도 있다. 따라서 만약 2차적 교리는 전부 다 동등한 수준으로 2차적일 것이라고 생각한다면, 중요한 차이점을 간과하게 될 위험성이 있다.

이는 본질적으로 일정한 체계 속에서 범주를 나누는 모든 작업에 내재되어 있는 위험성이다. 그렇다고 범주화 작업을 멀리할 이유는 없다. 다만 그 범주가 다소 투박하고 부정확할 수 있다는 것을 인식해야 한다. 그리고 그 안에 교리에 관한 모든 내용이 다 담겨 있지는 않다는 점을 인식해야 한다. 제2 순위 교리와 관련하여 특히 조심해야 할 것은 지나친 단순화이다. 제2 순위 교리는 복음에 본질적이지는 않지만, 그리스도인의 분열을 일으키기에는 충분히 중요하다. 그러므로 정의 자체상 이 범주에는 아주 넓은 범위의 쟁점들이 포함되어 있다. 반면에 제1 순위와 제3 순위의 교리는 보다 집약된 범주라고 생각하면 되겠다.

특별히 나는 사람들이 "x가 제2 순위이고 y도 제2 순위이니까 x와 y의 중요성은 똑같다."라고 생각하는 일이 없도록 도움을 주고 싶다. 어떤 교리가 2차적이라는 말은 그것의 중요성에 관한 정보일 뿐 그 내용을 다 담고 있는 것은 아니다. 사실 일반적으로 봤을 때 그 말 자체에는 전달하는 내용이 거의 없다고 할 수 있다.

제2 순위 교리를 범주화하는 일이 어려운 이유가 몇 가지 더 있다. 이러한 이유들 때문에 각각의 교리를 검토할 때는 그것이 놓여 있는 상황과 전체 복음에 대한 관계를 세심하게 살펴야만 한다. 첫째, 교리는 신학적 진공 상태에서 존재하지 않는다. 모든 교리는 전체적인 복음과의 관계 안에서 궁극적인 의미를 찾을 수 있다. 따라서 어떤 교리는 그 자체로는 비교적 중요도가 덜해 보일 수 있는데, 실상 다른 교리에 미치는 영향을 놓고 봤을 때는 너무나도 본질적인 것들이 있다. 한 예로, 현대의 그리스도인들 중에는 "하나님이 단순하시다(God is simple)"는 생각을 받아들이지 않는 이들이 많은데, 이는 그들이 교회의 역사 속에서 하나님이 세상 위에 초월해 계시는 분이라는 사상을 올바로 정립하는 데 이 교리가 얼마나 중요한 기초가 되어왔는지 생각하지 않은 채 그것을 그저 이상하게만 보기 때문이다.

둘째, 어떤 특정 교리는 이따금씩 상황과 쓰임새에 따라 그 중요성이 어느 정도 달라지는 모습을 보이기도 한다. 앞서 지적한 것처럼 교회의 교인이 될 때와 교회의 장로가 될 때는 각각 요구되는 교리적 기준치가 달라야 한다. 어떤 시간과 장소에서는 교회의 공적인 증거를 위해 특별히 시급했던 교리가 다른 시공간에서는 별로 그렇지 않을 수도 있다. 그렇다고 그 교리에 담긴 진리 자체가 계속해서 변한다는 뜻은 아니다. 다만 선별작업을 하고 있는 중이라면 당면한 상황에서 그 교리가 실천적으로 얼마나 시급한가에 따라 이러한 쟁점들을 다르게 볼 수도 있다는 것이다.

마지막으로, 신학적 선별작업에 임할 때에는 그저 교리만을 다루는 것이 아니라 교리에 대한 태도를 다루는 것이기도 하다. 그리스도인과 교회, 사역, 그리고 신학적 단체는 모두가 특정한 신학적 입장뿐만 아니라 신학적 문화나 정신(말로 표현되지 않은 일련의 경향이나 비공식적인 정책 등)을 가지고 있다. 그런데 어떤 공적인 신앙선언문을 위반해서가 아니라 이러한 정신과 문화의 영역에서 빚어진 갈등이 분열의 단초가 되는 경우가 종종 있다.

그러므로 신학적 선별작업은 이런저런 교리를 기술적으로 정확하게 평가하는 것보다 훨씬 더 진일보한 일이다. 거기에는 신학을 향한 우리의 전체적인 마음가짐이 포함된다. 내가 인터뷰했던 목사들 중에 어떤 분은 그리스도인들이 교리에 대한 견해 차이 때문에 사랑이 부족한 모습을 드러내는 것을 보고는 "이것은 그저 무엇 때문에 싸우느냐의 문제가 아니라 어떻게 싸우느냐의 문제이다."라고 말하기도 했다.[89] 2차적 교리를 다룰 때 우리는 특별히 이 점을 마음에 새기고 있어야만 한다.

세례

교회 역사를 통틀어 신학적 견해 차이가 가장 심한 분야 중의 하나는 바로 성례이다. 성례의 종류는 몇 가지인가, 두 개인가? 아니면 일곱 개인가? 그 명칭은 뭐라고 해야 하는가? "규례(ordinances)"

---

89 호주 시드니에서 목회하고 있는 Hans Kristensen은 2019년 3월 스카이프로 나눈 대화에서 이와 같은 유익한 생각을 내게 전해주었다.

인가 "성례(sacraments)"인가? 도대체 이 성례는 하나님의 은혜를 어떻게 우리에게 가져다주는가, 믿음이 없어도 효력이 있는가? 성례는 누구에게 베풀어야 하며, 누가, 그리고 얼마나 자주 시행해야 하는가?

이러한 의문점들에 대한 견해 차이는 교회 역사 안에서 지금까지 계속해서 이어져 오고 있다. 예를 들어, 성찬의 상에 그리스도께서 어떻게 임재하시는가에 관한 생각의 차이로 인해 1529년 마르부르크에서 루터교와 개혁파의 연합이 좌절되었다. 그런데 이 문제는 넓게 보면 9세기 교회에서 라드베르투스(Radbertus)와 라트람누스(Ratramnus) 사이에 주요 논쟁거리였으며, 그 후로도 계속해서 중세시대에 이르기까지 논란의 불씨가 되었다. 예컨대 11세기에 투르의 베렝가(Berenga of Tours)는 이에 대한 공적인 교리에 의문을 제기했다는 이유로 권징을 받았다. 루터와 츠빙글리 사이의 그 유명한 의견 충돌 이후, 이 문제는 지금까지 계속해서 개신교 진영을 나눠 놓고 있으며, 이는 성찬에 관한 다른 의문점들 역시 마찬가지다(예컨대 누가 성찬에 참여할 수 있는가의 문제로 조나단 에드워즈가 교회에서 면직되는 일이 촉발되었다).

개신교 종교개혁 이후부터 현재에 이르기까지 그리스도의 몸 안에서 일어난 가장 고통스러운 분열의 원천은 성례(규례)에 관한 것 중에서 '세례를 받기에 합당한 대상은 누구인가'에 관한 것이다. 신뢰할 만한 신앙고백을 한 자만이 세례를 받을 수 있는가, 아니면 부모 중에 한 사람 이상이 신자인 가정의 자녀도 기독교 세례를 받기에 합당한 대상인가?

역사적으로 볼 때 그리스도인들은 이 주제로 인해 서로에게 등을 돌리기만 한 정도가 아니라 서로를 죽이기까지 했다. 1529년 '개신교(Protestant)'라는 용어가 처음 사용된 슈파이어 회의(The Diet of Speyer)에서는 "모든 재세례파와 다시 세례를 받은 자들은 성별을 막론하고 불로든 칼로든, 아니면 그 어떤 방식으로든 사형에 처해야 한다."는 결정을 내렸다.[90] 또한 수많은 재세례파 사람들이 물에 빠져 죽임을 당했다는 사실은 참으로 아이러니한 일이다. 이러한 악행을 저지른 자들 중에는 로마 가톨릭 당국만이 아니라 울리히 츠빙글리 같은 개혁파 노선도 있었다. 최초의 재세례파 순교자는 펠릭스 만츠(Felix Manz)였다. 그는 1526년에 붙잡혀 취리히에 있는 리마트(Limmat) 강의 차가운 물속에 던져져 수장되었는데, 그 강은 츠빙글리의 교회에서 불과 몇 백 미터 거리에 있었다. 전해오는 이야기로는 츠빙글리가 "(물) 밑으로 내려가는 것을 논하는 자들은 내려가게 하라."고 말했다고 한다.[91]

일일이 거론하면 16세기 재세례파 순교자들이 어쩌면 콘스탄틴이 회심하기 이전 첫 삼백 년간의 기독교 순교자들보다 더 많을

---

90 Erwin Lutzer, *The Doctrines That Divide: A Fresh Look at the Historical Doctrines That Separate Christians* (Grand Rapids, MI: Kregel, 1989), 125에 인용되어 있음.

91 John H. Armstrong, "Introduction: Division, Differences, and a Dream," in *Understanding Four Views on Baptism*, ed. John H. Armstrong, Counterpoints (Grand Rapids, MI: Zondervan, 2007), 19에 인용되어 있음.

지도 모른다.[92] 그게 무슨 말인가 하면 종교개혁 당시 그리스도인들이 세례에 관한 문제 때문에 서로를 죽인 숫자가 로마 제국 당시 그리스도에 대한 믿음 때문에 죽임을 당한 사람들의 숫자보다 더 많다는 뜻이다.

세례의 문제 때문에 그와 같이 잔악한 싸움이 일어날 수밖에 없었던 이유는 그것이 교회의 본질과 관련된 더 커다란 주제와 결부되어 있기 때문이며, 콘스탄틴의 회심 이후부터 근대주의가 등장하기 전까지는 사회의 본질이나 구조 그 자체와도 밀접한 관련이 있는 문제였기 때문이다. 모두가 기독교를 믿고 있던 세상 속에서 재세례파는 사회 구조에 대한 위해요소로 보였던 것이다.

오늘날 우리는 (대부분) 교회와 국가가 분리된 후기 근대 사회를 살아가고 있고, 따라서 이 세례라는 주제에 대해서도 다른 방식으로 접근한다. 이는 세례에 의한 중생이란 개념을 담고 있는 여타의 유아세례보다는 개혁교회와 장로교회에서 볼 수 있는 유아세례의 한 유형인 언약적 유아세례를 다룰 때 특히 그러하다. 세례에 의한 중생은 대개 세례를 중생의 가교 역할을 하는 수단으로 보기에 그것을 집례하는 것 자체에 구원의 효력을 부여한다. 교회 역사 속에서 유아세례의 지배적인 형태는 이와 같은 것이었고, 오늘날에는 가톨릭, 정교회, 기타 성공회나 루터교 같은 개신교의 여러 주요

---

92 Justo L. Gonzalez, *The Story of Christianity, vol. 2, The Reformation to the Present Day* (New York: HarperCollins, 1985), 56.

교단들이 (이런저런 다양한 변형 속에서도) 이것을 지지하고 있다.

세례에 의한 중생을 거부하는 사람들은 세례는 오직 복음 안에 나타나는 예수 그리스도의 구원의 공로와 유익을 바라보게 하는 것일 뿐이며, 그 유익을 얻는 것은 믿음과 회개를 통해서만 가능한 일이라고 이의를 제기한다. 세례를 받는 것이 사회와 교회로 단번에 들어가는 길이라고 이해하고, 심지어 세례에 일종의 구원의 효력까지 부여되어 있는 배경 속에서는 오히려 세례를 받음으로써 개인이 믿음을 가져야 할 필요성을 잃어버리게 되고, 예식 그 자체의 능력을 의지하게 되는 정반대의 결과가 종종 일어날 수 있다. 이것이 성례와 관련하여 끊임없이 제기되는 위험성이다. 즉 하나의 상징물에 불과한 외적인 의식이 내적인 실체를 더 잘 드러내기보다는 오히려 대신해 버리는 것이다.

물론 이와 같은 우려는 신자의 세례를 믿는 사람뿐만 아니라 유아세례를 믿는 사람도 똑같이 제기할 수 있다. 사실 무분별한 세례와 성례주의자들[93]의 악습을 가장 극렬히 비판하는 사람들은 유아세례를 믿는 이들이다. 쇠렌 키에르케고르(Søren Kierkegaard)는 "가능성에 대한 기대감"으로서 유아세례를 인정하면서도, 덴마크의 루터교 국가 교회가 마치 사회의 모든 구성원은 그저 세례를 받음으로써 그리스도인이 된다는 인상을 준 것에 대해 다음과 같이 신랄

---

93 구원을 얻기 위해서는 성례가 필요하며 성례에는 구원의 효력이 있다고 믿는 것이 성례주의이다.

하게 비판했다.

> "기독교 국가"의 기독교에서는 사람은 어린 아이일 때 그리스도인이
> 된다는 금언을 확립하는 일이 가장 중요하다고 본다. 그래서 사람이
> 마땅히 그리스도인이 되어야 한다면 유아기때부터 그러해야 한다고
> 생각한다. 그러나 이것은 근본적인 거짓이다. 이 말이 통한다면 신약
> 의 기독교와는 작별인사를 해야 한다.[94]

게다가 신자의 세례를 믿는 사람들 중에도 다양한 형태의 성례
주의를 받아들이는 이들이 있다.[95] 이와 같이 세례에 합당한 대상
에 관한 질문은 세례의 의미와 용법에 관한 더 커다란 질문으로 인
해 더욱 복잡하게 얽혀버린다. 이렇게 보면 신학적 선별작업을 통
해 신자의 세례나 유아세례에 대해 만병통치약 같은 평가를 내릴
수는 없다. 우리는 어떤 교단이나 교파에서 행하는 세례의 모습을
평가할 때 교회와 복음에 미치는 전체적인 결과를 고려할 수 있는
지혜가 필요하다.

우리는 세례에 관한 신학적 선별작업을 어떻게 생각해야 하는

---

94 *The Instant*, no. 7, "The Formula of 'Christendom,'" *Attack upon Christendom, 212,* as cited
in Paul K. Jewett, *Infant Baptism and the Covenant of Grace: An Appraisal of the Argument
That as Infants Were Once Circumcised So They Should Now Be Baptized* (Grand Rapids, MI:
Eerdmans, 1978), 243.

95 예를 들어 그리스도의 교회(the Churches of Christ)는 신자의 세례를 행하면서도 세례가
회심의 과정에 없어서는 안 될 꼭 필요한 부분을 나타내 주는 것으로 이해한다. 더 자세
한 설명은 다음을 보라. John D. Castelein, "Christian Churches/Churches of Christ View,"
in Armstrong, *Understanding Four Views on Baptism*, 129 – 44.

가? 가장 우선적으로 우리 역사의 비극적인 한 단면이 되어버린 치욕스런 모습 때문에 그와는 정반대의 방향으로 튕겨져 나가 세례는 전혀 중요한 것이 아니라고 하는 식의 반응을 보이지 않도록 주의해야만 한다. 우리가 전심을 다해 세례의 중요성을 붙들어야만 하는 데는 몇 가지 이유가 있다.

첫째, 세례는 그리스도께 대한 순종의 문제이다. 예수님이 그것을 제정하셨을 뿐만 아니라(마 28:19-20), 예수님 자신도 친히 세례를 받으시면서 그 필요성에 대해 "모든 의를 이루는 것이 합당하니라"(마 3:15)라고 분명히 말씀하셨다. 오늘날에는 사람들이 세례를 근본적으로 "나의 신앙을 표현하는 것"으로 생각하면서 세례 받는 일의 경험적인 측면을 부각시키려는 경향이 잦다.[96] 물론 세례가 신앙의 표현인 것은 분명하고, 또 세례를 받는 경험이 뜻깊은 축복인 것도 맞지만, 그것이 전부는 아니다. 궁극적으로 세례는 제자가 되는 문제이고, 한 사람이 공개적으로 그리스도를 따르는 사람이 되는 일종의 "루비콘 강을 건너는" 순간과 같은 것이다. 예를 들어 세계 곳곳에서 많은 그리스도인들이 세례를 받음으로써 그 순간 이후부터 박해의 대상이 되기도 한다. 이 책을 집필하기 위해 자료를 조사하며 인터뷰했던 싱가포르의 한 목사는 그곳의 이야기

---

[96] 이 점에 대해서는 유아세례의 입장이 신자의 세례보다 더 올바르다. 신자의 세례를 믿는 자들은 세례를 그리스도의 표가 아닌 자기 신앙의 표로 인식하는 경우가 많다. Sinclair Ferguson, "Infant Baptist View," in *Baptism: Three Views*, ed. David F. Wright (Downers Grove, IL: IVP Academic, 2009), 96에서 이에 대해 "세례는 그 무엇보다 그리스도 중심적인 표지이지 신앙 중심적인 것이 아니다."라고 잘 표현했다.

를 들려주었는데, 거기서는 아이들이 교회에 가는 것에 대해 부모들이 크게 우려하지 않다가, 그 아이들이 세례를 받고자 하면 엄청난 반대에 부딪힌다고 한다.[97] 이와 유사하게 중국의 그리스도인들도 성경을 읽거나 예수님을 예배하는 일은 허락되는 경우가 흔히 있지만, 세례를 받으려고 하면 박해로 이어지게 된다.[98]

둘째, 세례는 우리가 하나님의 백성으로서 공동체적인 삶을 살아가는 데 중요한 역할을 한다. 세례는 교회로 들어온 것을 가시적으로 표시하는 공적인 표지이기에 궁극적으로 교회의 교인자격과 일치하는 것이다. 따라서 세례의 교리는 교회에 관한 교리와 밀접하게 관련되어 있다. 우리가 살아가는 이 개인주의 사회에서는 세례를 그저 사적인 경험 정도로 생각하기 쉽고, 그러다 보니 하나님의 백성 안에서 그것이 갖는 공동체적 기능을 간과하는 일이 굉장히 자주 있다.

셋째, 교회가 세례를 베푸는 것은 단순히 어떤 자격의 표지라는 의미만 있는 것이 아니며 복음 그 자체의 표와 인의 의미가 있는 것이다. 물은 죄를 씻어내는 것을 묘사하고(행 22:16), 물 속에 잠기는 것은 그리스도와 연합하여 그분의 죽으심과 묻히심, 그리고 부활하심에 동참하는 것을 상징한다(롬 6:3-4). 그러므로 세례를 그저

---

97 싱가포르에 있는 Redemption Hill Church의 주임 목사인 Simon Murphy는 2019년 3월 31일 나와의 인터뷰에서 이러한 이야기를 해주었다.
98 Daniel G. Reid는 *Baptism: Three Views*의 서론에서 한 아시아계 신학자의 말을 인용해 이와 같은 현실을 결부시킨다.

개인의 신앙을 공적으로 진술하는 것 정도로만 보기보다는(물론 그런 측면이 분명히 있지만), 교회가 복음을 증거하는 하나의 방법으로 보아야 할 것이다. 이것은 세례가 그저 세례를 받는 사람에게만 축복이 되는 것이 아니라 그 세례를 지켜보는 교회 공동체 전체에게도 또한 축복이 된다는 의미이다. 세례의 증인이 됨으로써 우리는 그리스도께서 우리를 대신하여 자신의 삶과 죽으심, 그리고 부활을 통해 이루신 것들을 눈으로 보게 되는 것이다. 티모시 조지(Timothy George)의 말을 빌자면 세례는 "기독교 예배의 중심이 되는 예전적 행위이다."[99]

이처럼 세례를 경시해서도 안 되지만, 또한 그것을 복음에 견줄 만한 제1 순위 교리로 승격시키는 것 또한 잘못이다. 세례는 정통과 이단의 경계선을 설정하는 것이 아니기 때문에 그것을 올바로 받았다고 정통이 되는 것도, 또 그것을 잘못 받았다고 이단이 되는 것도 아니다. 침례교와 장로교의 차이가 곧 그리스도인과 이단의 차이와 동일한 것은 아니다. 세례가 그 정도까지 중요하다고 말할 수 없는 이유는 그것이 복음의 사활을 결정지을 만한 교리는 아니기 때문이다. 그리스도인이라면 세례에 관한 논쟁에서 어느 편에 서더라도 그 삶과 사역에 있어 복음의 열매를 맺는 일이 가능하다. 놀랍게도 사도 바울조차 "그리스도께서 나를 보내심은 세례를 베

99 Timothy George, foreword to *Believer's Baptism: Sign of the New Covenant in Christ*, ed. Thomas R. Schreiner and Shawn D. Wright, NAC Studies in Bible and Theology (Nashville: B&H, 2006), xvii.

풀게 하려 하심이 아니요 오직 복음을 전하게 하려 하심이로되"(고전 1:17)라고 말함으로써 세례를 주는 사명보다 복음을 전하는 사명을 더 위에 두었다. 이처럼 우리도 세례를 "안전한" 사람을 구별하는 정체성의 문제로 삼거나, 우리와 다른 견해를 가진 이들을 무식하고 반항적으로 보거나, 혹은 우리와 같은 견해를 가진 그리스도인들과만 복음 안에서 교제하고 함께 일하려고 하는 것을 삼가야 한다.

오늘날 우리가 세례에 관한 우리의 신념을 타협하지 않고 붙들되, 동시에 우리와 다른 신념을 가진 그리스도인들과도 할 수 있는 한 '하나 됨'과 친교를 유지해 나가기 위해서는 지혜가 필요하다. 어떻게 하면 이 두 가지 사안의 균형을 맞출 수 있을까? 이것은 결코 간단한 질문이 아니며, 여기서 이 문제를 다 다룰 수도 없다.[100] 하지만 교회 생활에서 세례가 갖는 의미가 너무도 크기 때문에 한 교회 안에서도 견해를 달리하는 그리스도인들이 하나 되는 일을 얼마나 어려워하는지를 볼 수 있다.

그래서인지 개중에는 세례에 관한 양쪽의 입장을 모두 수용하여 결과적으로 세례를 제3 순위 쟁점으로 약화시키려고 하는 교회도 있다. 물론 교회의 연합을 위한 이러한 노력에는 경의를 표하지

---

100 세례와 교회 멤버십에 관한 주제는 Gavin Ortlund, "Can We Reject Paedobaptism and Still Receive Paedobaptists?," Mere Orthodoxy, January 3, 2019, https://mere orthodoxy. com /baptism−church−membership을 참고하라. 조너선 리먼의 사려 깊은 회신도 Mere Orthodoxy에서 볼 수 있다.

만 그럼에도 실제적으로 우려가 되는 부분이 두 가지 정도 있다.

첫 번째 우려는 혼란이다. 세례의 정의를 다르게 내리면 교인이 되는 자격에 있어서도 그 경계선이 달라지게 되고, 그러면 교회 안에 있는 어린이를 제자화하는 일의 개념도 달라질 수밖에 없다. 유아세례의 입장에서는 신자의 자녀는 "언약의 자녀"이기 때문에 태어날 때부터 교회의 교인으로 간주된다. [유아세례를 받아들이는 신학에서는 저자의 설명처럼 "언약"과 "세례"와 "교인 자격"을 동일선상에 놓고 도식적으로 같은 것으로 보지는 않는다. 신자의 가정에서 자녀가 태어나면 부모에게 주신 언약 안에서 태어나기 때문에 언약의 자녀가 되는 것이고, 그 언약을 공적으로 표시하기 위해 세례를 주는 것이며, 세례를 받음으로써 교회의 교인(아직 성찬에 참여할 수 없는 비수찬교인)이 되는 것이다. -역자주] 반면 신자의 세례를 믿는 이들은 자녀의 교회적 지위를 다르게 이해한다. 그렇다면 세례에 관한 이 두 가지 입장을 모두 받아들이는 교회의 교인들은 교회 안에서 태어난 자녀를 어떻게 보아야 하는가? 그리고 교회 안에서 태어난 자녀를 양육하는 일과 관련하여 교회가 제시할 수 있는 긍정적인 시각은 무엇인가? 아마도 이 질문에 대한 답은 각 가정의 신념이나 결정에 따라 다 달라질 것이고, 그로 인해 회중과 그 자녀들은 혼란을 겪게 될 것이다. 물론 그들 안에 탁월한 경건과 명확한 가르침이 있다면 그러한 혼란이나 분열은 최소화될 수도 있다.[101]

---

101 예를 들어 나의 아버지가 내슈빌에서 개척한 교회로서 나 또한 꽁장히 높이 평가하

두 번째 우려는 양심에 관한 것이다. 공식적인 지침으로 두 가지 형태의 세례를 모두 받아들이는 여러 교단에서는 목사 안수나 인허를 받은 목사들에게 신자의 세례와 유아세례를 다 집례할 것을 요구한다. 그렇게 하여 소속된 교회들 모두가 이 공적인 지침을 일관성 있게 따르도록 하려는 것이다.[102] 그런데 이와 같은 지침은 세례에 합당한 대상은 성경에서 규범적으로 가르치고 있다고 믿는 교단 내 목사들의 양심을 침해할 위험이 있다. 마찬가지로 하나의 지역 교회 안에서도 두 가지 형태의 세례를 모두 수용하려고 노력하면 현재(와 미래)의 직분자들에게 그것을 받아들이라는 요구를 할 수밖에 없는데, 이렇게 되면 필연적으로 어떤 이들은 직분자로 섬길 수 있는 기회를 박탈당하는 한편 그로 인해 다른 이들이 그 자리를 얻게 된다. 이와 같은 시나리오는 결국 양쪽의 입장을 다 포괄하려던 견해가 자가당착에 빠지는 결과를 낳게 됨을 보여준다.

그럼에도 내가 꼭 강조하고자 하는 바는 우리가 비록 교회적 차원에서 세례에 관한 여러 신념 가운데 바른 길을 찾기 위해 아무리 이렇게 저렇게 애를 쓴다 하더라도, 개인적인 차원에서는 결코 이

는 Immanuel Church는 두 입장을 모두 받아들인다(일리노이 주 휘튼에 있는 College Church와 보스턴에 있는 Park Street Church 등 미국 내의 유명한 교회들도 이와 마찬가지다).

102 예를 들어 복음주의 언약교회(The Evangelical Covenant Church)는 "복음주의 언약교회의 세례에 관한 지침"에서 "우리의 언약은 유아세례와 신자의 세례를 모두 참된 세례로 인정하므로 교단 내의 안수나 인허를 받은 모든 목사들은 이 두 가지 인정받은 세례를 모두 존중해야 하며 또한 집례해야 한다."라고 규정하고 있다. (https://cov church. org/wp-content/up loads/sites/2/.../Policy-on-Baptism-churches.pdf, accessed April 4, 2019).

문제 때문에 갈라서는 일이 일어나지 않도록 해야 한다는 점이다. 나와 다른 견해를 가진 그리스도인들에게 사랑을 나타내고 그들에게서도 배우기 위해 우리는 조금 더 노력을 기울여야 한다. 그들 역시 그리스도의 몸에 속한 지체들이므로, 우리는 그 지체들과 한 몸을 이루어야 하는 것이다. 그래야만 우리를 바라보는 세상 앞에 신뢰할 만한 복음을 전할 수 있게 된다(요 17:21). 우리가 있는 곳이 어디든 최대한 함께 힘을 합쳐 복음을 전할 수 있는 기회를 찾아야만 한다.

세례에 관해서는 해야 할 말이 훨씬 더 많이 있지만, 선별작업이라는 목적에 초점을 맞춰 크게 세 가지 논지를 명확히 제시하고자 하며, 그 안에서 추가적인 토론과 논의를 이어 나가고자 한다. 첫째, 세례는 정통의 범위를 정하거나 복음의 열매를 결정하는 제1 순위의 쟁점이 아니다. 오히려 진실하고 경건한 그리스도인들이 이 주제에 대해 의견을 달리하는 것도 가능하다. 둘째, 세례는 이러나저러나 결과는 매한가지인 시시한 교리가 아니다. 오히려 우리 각자가 그리스도께 순종하는 일, 교회의 본질과 교회 멤버십, 그리고 교회 안에서 왕성하게 복음을 선포하는 일 등에 영향을 미치는 사안이다. 셋째, 세례에 관한 우리의 신념을 유지해 가면서 교회의 '하나 됨'과 이 사안의 중요성을 모두 존중할 수 있는 길을 찾기 위해서는 지혜와 균형이 필요하다. 그러한 지혜는 유아세례나 신자의 세례 그 자체만을 종합적으로 평가하는 것을 뛰어 넘는 일이며, 다양한 개별 상황 속에서 그 세례를 실제로 행하는 방식과 관련된 쟁점들도 고려해야 하는데, 거기에는 다음의 것들을 구별할 수 있는 능력도 포함된다. (1) 기독교 국가에서의 세례와 교회와 국가가 분리된 현대 사회에서의 세례, (2) 언약적 유아세례와 세례에 의한 중생, (3) 정치적 목적을 갖고 베푸는 집단 세례와 신학적 목적으로 베푸는 원칙적인 세례.

만약 당신이 현재 세례의 교리를 놓고 씨름하고 있는 중이라면 다음의 몇 가지 질문을 통해 도움을 얻을 수 있을 것이다.

1. 혹여 마음속으로 내 생각에 자부심을 갖고 있거나, "반대편"에 있는 그리스도인들을 향해 우월의식을 갖고 있지는 않은가? 만약 그러하다면 어떻게 다시 나의 마음을 내 존재와 "올바름"의 유일한 근원인 복음으로 되돌릴 수 있겠는가?

2. 혹여 내 안에 이 사안의 중요성을 경시하거나 무시하는 마음이 있지는 않은가? 나는 왜 그리스도인들이 이에 대한 차이점 때문에 목숨을 바치려고 해왔는지 올바로 알고 있는가? 나는 이 사안을 내가 생각하는 것보다 더 중요하게 부각시키는 그리스도인들에 대해 우월감을 느끼거나 혹은 악감정을 가지고 있지는 않은가? 어떻게 하면 나는 그들의 우려를 이해하고 그로써 그들에게 다가갈 수 있겠는가?

3. 나는 교회의 '하나 됨'을 위한 그리스도의 절실한 기도(요한복음 17장)를 진지하게 받아들인 적이 있는가? 또한 나의 삶 속에서 그 기도를 이루어 내기 위해 어떠한 노력이라도 하고 있는가?

4. 세례에 관한 나의 신념을 지켜내면서 동시에 다른 견해를 가진 이

들과 복음 안에서 진정한 교제와 동역자 관계를 추구하기 위해 나에게 가장 잘 맞는 상황은 어떤 것인가?

영적 은사 : 지속론 대 중단론

중단론은 신약성경에 언급된 특정한 영적 은사들, 주로 예언이나 치유, 혹은 방언과 같이 보다 기적적이거나 극적인 은사들이 오래 전에 (보통 정경의 완성 시점이나 마지막 사도의 사망 시점에) 중단되었거나 사라졌다고 보는 견해이다. 그와 반대로 지속론은 신약성경에 나타나는 모든 종류의 영적 은사들이 교회 시대 전체에 걸쳐 계속되고 있음을 인정한다.

나는 고등학교 고학년 시절과 대학교 1학년 때 한동안 엄청나게 힘겨운 분투와 연구를 한 끝에 결국 실제 삶과 신념에 있어 지속론자가 되었기에, 지금까지도 이것은 내게 중요한 주제이다. 그 이후로 나는 이것이 얼마나 분열과 양극화를 일으키는 주제인지 여러 차례 목격해 왔으며, 나 역시 지난 대화들 속에서 내가 원했던 만큼 '하나 됨'을 지켜내지 못했던 것을 후회스럽게 생각하고 있다.

이제 우리는 개혁파 전통 안에서 영적 은사에 관한 몇 가지 다른 견해들을 살펴봄으로써 이 주제를 크게 보아 제2 순위 교리에 (그리고 어떤 경우에는 제3 순위 교리에) 위치시키기 위한 노력을 할 것이다.

중단론은 오순절주의나 은사주의에 대비하여 개혁주의적 입장으로 인식되는 경우가 종종 있다.[103] 물론 개혁주의 교회와 신자들 중에 상당수가 중단론을 취하기는 하지만, 개혁주의 신학 그 어디에서도 이것을 절대화하지는 않으며, 또한 역사적으로는 개혁파 전통 안에서도 이 질문에 대해 다양한 입장이 존재한다. 그 어떤 개혁주의 신앙고백도 중단론을 지지하지는 않으며, 개혁주의 신학자들도 크게 세 가지 부류로 나뉘곤 한다.

첫째, 엄격한 중단론자. 조나단 에드워즈나 벤자민 워필드 같은 이들은 역사상 특정한 시점 이후부터는 성령님이 주시는 진정한 의미의 기적적인 은사는 나타나지 않는다고 한다. 그러나 이 신학자들도 다음과 같이 여러 가지 구체적인 질문에 대해서는 의견을 달리한다. 예컨대 어떤 은사가 중단되었나(예를 들어, 방언이나 예언 같은 계시적 은사인지, 아니면 치유나 영 분별 은사인지)? 언제 특정한 은사들이 중단되었나(예를 들어, 정경이 완성된 시점인지, 아니면 마지막 사도가 사망한 시점인지)? 그리고 가장 중요한 것으로, 왜 특정한 영적 은사들이 중단되었나(예를 들어, 워필드는 이러한 은사들은 사도들의 사역을 확증하는 역할을 했다는 점에 초점을 두고 있는 반면, 에드워즈는 기적보다 사랑이 더 우위에 있음을 강조한다)?[104]

---

103 Sinclair Ferguson, "The Reformed View," in *Christian Spirituality: Five Views on Sanctification*, ed. Donald Alexander (Downers Grove, IL: IVP Academic, 1988), 158-61 은 중단론의 관점에서 오순절주의 신학에 대한 개혁주의의 표준적인 답변을 잘 정리해 놓았다.

104 B. B. Warfield, *Counterfeit Miracles* (New York: Charles Scribner's Sons, 1918), and Jonathan Edwards, "The Distinguishing Marks of a Work of the Spirit of God," in *Jonathan Edwards on Revival* (Carlisle, PA: Banner of Truth, 1965), 137-47.

둘째, 완화된 중단론자. 존 칼빈이나 존 오웬 같은 신학자들은 기적적인 은사들이 더 이상 교회의 규범이 되지는 않는다는 의미에서 그러한 은사들은 중단되었다는 입장을 유지하지만, 동시에 다양한 시기와 특정한 상황 속에서는 그런 것들이 일어날 수도 있음을 인정한다. 예를 들어, 기독교강요에서 칼빈은 시대의 필요가 있다면 하나님이 사도와 선지자, 그리고 복음 전하는 자의 직분을 되살리실 수 있음을 받아들인다.

> 바울에 따르면 그리스도께서 세우신 교회를 다스리는 위치에 있는 자들은, 첫째는 사도이고, 그 다음은 선지자이며, 세 번째는 복음 전하는 자이고, 네 번째는 목사이며, 그리고 마지막은 교사이다(엡 4:11). 이 중에 교회 안의 통상적인 직분은 마지막 두 가지 뿐이다. 첫 세 가지는 주님께서 그분의 나라 초기에 일으키셨고, 언제라도 시대적인 요구가 있다면 다시 세우실 것이다.[105]

분명한 것은 칼빈은 워필드처럼 예언의 은사가 지속되는 것이 정경의 완성을 위해 요소가 된다고 생각하지 않는다는 점이다. 칼빈은 그저 현실적으로 이러한 은사가 나타나지 않음을 관찰하고 있을 뿐이지, 신학적 근거 위에 그것이 나타나서는 안 됨을 주장한다고 볼 수는 없다. 후에 그는 예언은 "오늘날 존재하지 않거나 그

---

105 John Calvin, *Institutes of the Christian Religion*, ed. John T. McNeill, trans. Ford Lewis Battles, 2 vols. (Louisville: Westminster John Knox, 2006), 4.3.4.

다지 자주 보이지 않는다."고 설명한다.[106] 또한 "지금 우리 시대에 일어나고 있는 것처럼"이라는 말에서 알 수 있듯이 칼빈은 하나님이 특수한 상황에서는 사도와 복음 전하는 자를 일으키신다고 생각한다.[107]

마찬가지로 가장 위대한 청교도 신학자 중 한 명인 존 오웬은 거짓 기적으로 인한 미신이나 선동주의를 경고하면서도, "하나님이 어떤 경우에 오랜 기간 동안 기적적인 작용을 통해 그분의 능력을 나타내시는 일이 전혀 있을 수 없는 것은 아니며, 실제로 그렇게 하실 수도 있고 어쩌면 때때로 그렇게 하고 계실 수도 있다."라고 인정한다.[108] 맥락 속에서 보면 여기서 그가 언급한 "기적적인 작용"은 기적적인 영적 은사를 말한다. 강경한 중단론자들과 마찬가지로 오웬이나 칼빈 같은 완화된 중단론자들도 어떤 은사가, 언제, 그리고 왜 중단되었는지에 대해서는 의견을 달리한다.

셋째, 개혁주의 신학자들 중 일부는 지속론을 취하기도 한다. 그들은 완화된 중단론자들보다 좀 더 영속적, 규범적인 의미에서 기적적인 영적 은사의 유효성을 인정한다. 마르틴 루터, 존 녹스, 사무엘 러더포드 등이 이러한 견해를 취한다. 루터는 자신이 광신도라고 생각하는 이들이 예언의 은사를 주장하는 것을 반대했으며, 또한 복음이 이미 전파된 지역에서는 그것을 증명하기 위해 기

---

106 Calvin, *Institutes*, 4.3.4.
107 Calvin, *Institutes*, 4.3.4.
108 *The Works of John Owen*, ed. Thomas Russell, vol. 4 (London: Paternoster, 1826), 305.

적을 일으킬 필요가 크지 않다고 못박았다. 그러면서도 그는 모든 은사가 지속된다는 것을 인정했다. 예를 들어, 마가복음 16장에서 예수님이 말씀하신 표적에 대해 설교하며 그는 다음과 같이 주장했다.

> 어떤 이들은 이러한 표적이 기독교 시대 초기에 성령님의 역사를 나타내기 위한 것이며 지금은 중단되었다고 말하지만, 우리는 이 말씀이 지속되고 있음을 인정하고 그것을 간과해서는 안 된다. 그러한 태도는 옳지 못하다. 왜냐하면 동일한 능력이 여전히 교회 안에 존재하기 때문이다. 비록 지금은 그것을 행하고 있지는 않지만 이는 문제되지 않는다. 우리에게는 여전히 그러한 표적을 행할 수 있는 능력이 있다.[109]

스코틀랜드 종교개혁의 지도자였던 녹스와 스코틀랜드의 목사이자 웨스트민스터 신앙고백서의 기틀을 놓았던 러더포드는 예언의 은사가 나타나는 구체적인 예를 보다 명시적으로 인정했다. 예를 들어, 러더포드는 "정경이 완성된 후에도 앞으로 일어날 일을 미리 예견했던" 사람들을 (녹스를 포함해) 여러 명 언급하며 그들이 예언했던 내용을 예로 들었는데, 이와 같이 앞일을 예견하는 예언

---

109 Luther, *LW: Sermons, Lenker edition*, 12.190; *preached on Ascension Day, 1523, as cited in* Douglas A. Oss, *"A Pentecostal/Charismatic Response to Robert L. Saucy," in Are Miraculous Gifts for Today? Four Views*, ed. Wayne A. Grudem, Counterpoints (Grand Rapids, MI: Zondervan, 1996), 167.

의 은사와 정경의 완성으로 중단된 성경의 계시를 구별했다.[110]

오늘날에도 개혁파 그리스도인들 안에는 여전히 이 중단론에 관해 다양한 입장이 존재하고 있다. 개혁파 은사주의자들도 많고, 개혁파 중단론자들도 많으며, 은사에 대해 분명한 확신이 없는 개혁파 신자들도 많다. 그리고 이는 더 넓은 복음주의권 세계에서도 마찬가지다.

이와 같이 개혁파 전통을 개괄적으로 살펴봄으로써 우리는 지속론과 중단론의 논쟁이 제1 순위 교리의 영역 밖에 있음을 알게 된다. 녹스와 워필드는 예언이라는 영적 은사의 성격에 대해서는 견해를 달리 하지만, 그럼에도 한 복음 안에 있을 뿐만 아니라 서로의 신학적 스펙트럼도 비교적 유사한 입장을 띠고 있다.

그렇지만 신학적 선별작업에서는 이 주제에 어떤 순위를 매길 수 있을까? 세례의 경우에서 본 바와 같이 이 질문에 답하기 위해서는 보다 넓은 신학적 배경을 고려해야만 한다. 우선 지속론자들 중에서도 "2차적 축복"에 관해 신학적으로 상이한 입장들이 존재하는데, 2차적 축복이란 "새로 태어나는 경험과는 별개로 그 뒤에 따라오는 것"으로서 방언을 경험하는 것이 성령 세례의 "최초의 물리적 표적"이라는 개념이다.[111] 이것이 전통적인 오순절주의의 가

---

110 Samuel Rutherford, *A Survey of the Spirituall Antichrist. Opening the Secrets of Familisme and Antinomianisme in the Antichristian Doctrine of John Saltmarsh (et al.)* (London, 1658), 42, as cited in Oss, "A Pentecostal/Charismatic Response to Robert L. Saucy," 168. Oss는 그의 글에서 녹스와 러더포드에 관한 내용을 잘 정리하여 제시한다.

111 이 표현들은 세계 최대의 오순절 교단인 하나님의 성회에서 작성한 신앙선언문 중 제7

르침이지만 상당수의 은사주의 그리스도인들, 특히 제3의 물결 운동을 통해 갈라져 나온 이들은 2차적 축복에 관한 신학을 인정하지 않는다.[112] 세례에 의한 중생이란 쟁점 때문에 신자의 세례와 유아 세례 논쟁이 한층 더 복잡해졌던 것처럼, 지속론과 중단론의 논쟁에서도 2차적 축복이란 쟁점으로 인해 그 복잡성이 한층 더해졌다.

여기에 그 복잡성을 한층 더 가중시키는 요인은 기독교 영성의 다양한 측면에 대해 은사주의자들과 비은사주의자들이 서로 다른 견해와 태도를 보이는 일이 심심치 않게 일어난다는 점이다. 예를 들어, 영적 전쟁, 귀신 들림이나 귀신 눌림, 공동 예배의 합당한 방식, 금식과 기도의 습관, 병든 자들이나 죽은 자들을 위한 기도, 꿈과 환상의 해석, 기독교적 삶에서 낙관론의 정도 등이 그것이다. 이 내용들은 지속론, 중단론 논쟁과는 다른 것이지만 영적 은사를 논할 때 이러한 차이점들이 영향을 미치는 경우가 종종 있다.

이러한 요소들로 인해 본 쟁점의 실제적인 결과가 어떻게 달라지는지를 살펴보기 위해 다음의 두 가지 가상 시나리오를 생각해 보자.

첫째, 지속론자인 존(John)이 어떤 교회의 교인이 되고자 하는데, 그 교회는 은사에 대해 공식적인 입장을 정해두지는 않았지만 실

항과 8항에서 가져온 것이다. ("Statement of Fundamental Truths," https://ag.org/Beliefs/Statement-of-Fundamental-Truths, accessed March 19, 2019).

112 제3의 물결 운동이란 20세기 초의 오순절주의("제1의 물결")와 1960~70년대의 복음주의 은사 운동(제2의 물결)의 뒤를 이어 1980년대 들어 빈야드 교회, 존 윔버(John Wimber) 등과 연합하여 시작된 은사주의 운동을 가리킨다.

질적으로는 중단론을 취하고 있다. 존은 오늘날에도 방언이 유효하다고 믿고 있으며, 자신의 개인적인 기도 생활에서 그 은사를 활용하고 있다. 반면 고린도전서 12장 30절("다 방언을 말하는 자이겠느냐?")에 대해서는 그렇지 않다고 믿고 있으며, 그러므로 모든 그리스도인이 이 은사를 활용해야 하는 것은 아니라고 생각한다. 그리고 고린도전서 12장 13절 말씀을 통해 그는 어떤 이가 그리스도인이 될 때는 성령 세례가 일어난다고 믿는다. J. I. 패커는 이를 "회심과 입문의 복합물(conversion-initiation complex)"[113]이라고 부른 바 있다. 그러므로 존은 방언의 은사가 곧 그것을 사용하는 사람들의 특별한 영적 상태나 사역의 능력을 나타낸다고 여기지 않는다.

이와 마찬가지로 그 교회 역시 실질적으로 중단론의 입장이기는 하지만 은사주의 그리스도인들을 멸시하는 것은 아니며, 은사주의적 활동을 파괴적이거나 해로운 것으로 여기지도 않는다. 사실상 이도 저도 아닌 상황인 것이다. 교인등록을 위한 면담 자리에서 존이 이 사안에 대한 자신의 신념을 밝히자 인터뷰를 진행한 장로는 그의 신념으로 인해 교회 안에 분열이 생기지 않게 하라고 당부한다. 다른 교회에서 이 문제가 얼마나 파괴적인 불화를 일으키는지 본 적이 있는 존은 이에 기쁘게 동의한다.

이번에는 반대 상황의 시나리오를 상상해 보자. 마이클(Michael)은 지속론을 믿는 그리스도인인데, 방언은 성령 세례의 증거이고

---

[113] J. I. Packer, *Keep in Step with the Spirit* (Tarrytown, NY: Revell, 1984), 202.

따라서 모든 그리스도인이 이 축복을 알아야 한다고 진심으로 믿고 있다. 어려서부터 오순절 교회에만 출석했던 그는 다른 교파의 그리스도인들과 교제를 나누면서 그들에게서 생명력 없는 전통주의와 반경험주의적 성향을 목격하게 되었다. 그는 그것을 "성령을 소멸하는"(살전 5:19) 것으로 여긴다. 그는 이러한 위험성을 경계할 뿐만 아니라, 또한 성경 지식을 쌓는 데만 몰두하고 그에 상응하는 실천적인 적용이나 경건을 생각지 않는 그리스도인들을 회의적으로 바라본다. 그의 이러한 우려는 어쩌면 당연하다 할 수도 있고 또 건전한 것일 수 있지만, 그로 인해 마치 신학적 지식은 그 자체가 위험한 것처럼 생각하는 반지성주의적 태도로 치우칠 때가 종종 있다.

마이클이 출석하는 교회는 중단론을 따르는 교회인데, 비록 공격적이거나 옹졸한 방식은 아니지만 그러한 신념을 분명하게 정해 두고 있다. 그 교회는 한 때 마이클이 다니는 대학의 은사주의 캠퍼스 사역과 유쾌하지 않은 교류를 했던 경험이 있어서 이 사안에 대해 날카로운 시선을 갖고 있으며, 그 안에 잠재된 분열의 가능성에 대해서도 대단히 경계하고 있다.

이상과 같이 허구이기는 하지만 충분히 있을 법한 예들을 통해 지속론과 중단론 논의의 중요성이 여러 가지 관련 요소들로 인해 얼마나 폭넓게 달라질 수 있는지 볼 수 있었다. 예를 들어, 마이클과 존, 그리고 그들이 다니는 교회의 지도자들 모두가 동일하게 진실하고 경건한 그리스도인이라고 가정할지라도 위와 같이 상이한 상황에서는 서로 다른 결과를 내게 될 것이다. 구체적으로는 존이 처한 상황은 제3 순위의 사안이고, 마이클이 처한 상황은 제2 순위의 사안으로 볼 수 있지 않을까 한다.

이 논쟁이 제2 순위의 쟁점이 될 수 있는 주요한 이유는 중단론과 지속론은 교회의 예배나 기독교의 집회에 있어서 상호 배타적인 성격을 띠고 있기 때문이다. 즉 그러한 은사들은 수용 가능하든지 아니면 그렇지 않든지 둘 중의 하나이다. 따라서 지속론과 중단론의 대결구도에 대한 신학적 선별작업을 할 때 그 순위를 결정하게 되는 것은 다음의 몇 가지 실제적인 질문들이다. (1) 기적적인 영적 은사들이 사역을 하는 데 얼마나 중요하게 여겨지는가, (2) 어떤 상황 속에서 그러한 은사들이 적절한 것으로 받아들여지는가(예컨대, 교회의 예배나 혹은 소그룹 모임에서 그러한 은사를 행하는 것), (3) 반대 의견을 갖고 있는 그리스도인들에게 어떤 태도나 판단을 표출하는가.

기적적인 영적 은사들이 그 중심에 있지 않고, 겸손하고 화평을 추구하는 마음으로 서로 다른 신념을 유지할 수 있는 상황이라면 이 주제는 제3 순위의 쟁점이 될 수 있다. 세례의 경우와 같이 경건함과 명확한 가르침이 있다면 분열을 줄일 수 있을 것이며, 그로써 제2 순위의 다른 쟁점들도 제3 순위가 되도록 하는 데 기여할 수 있을 것이다. 예를 들면 사도행전 29장이라는 이름의 'Acts 29' 교회개척 연대는 이따금씩 스스로를 "안전벨트가 있는 은사주의"라고 묘사하기도 하고, 그 연대 안에 있는 목사나 리더들은 서로 다른 견해를 취하기도 한다. 이러한 접근방식을 모방하고자 하는 이들이 있다면 그 사역의 지도자들은 자신들이 용인할 수 있는 한계를 분명하게 정하고 그들의 사역이나 교회의 '하나 됨'을 보호하기 위해서 많은 애를 써야 할 것이다.

어떤 상황에서는, 특히 위에서 살펴본 복잡한 요인들에 비추어 볼 때, 영적 은사에 대한 견해 차이가 반드시 제2 순위 쟁점이 될 수밖에 없는 경우도 있다. 예를 들어, 고린도전서 14장 1절의 말씀을 통해 건강한 교회에는 예언이 필수적이라고 확신하는 예배자들이 중단론을 취하는 교회에 출석한다면 그 좌절감은 아마도 끝이 없을 것이다. 마찬가지로 현대의 방언은 거짓된 것이라고 확신하는 이들은 방언하는 것을 강력하게 권장하는 은사주의 교회 안에서는 제대로 성장하는 데 큰 어려움을 겪을 것이다.

가장 심한 압박이 가해지는 곳은 영적 은사와 축사의 활동을 대단히 강조하여 실질적으로 그것이 사역의 "중추"가 되고 있는 곳이다. 그로 인해 사역의 초점은 복음에서 벗어나게 되고 비은사주의 그리스도인이나 단체와 적대적인 관계로 치닫게 된다. 이러한 사역에 대한 비은사주의자들의 반응은 지속론 그 자체를 반대하는 것이 아님을 인정하는 것이 굉장히 중요하다. 대부분 비은사주의자들이 은사주의 활동에 문제를 제기하는 점은 은사의 존재 자체가 아니라 그것을 중심에 놓고 오용하는 것이기 때문이다.

만약 당신이 지금 이 문제를 놓고 씨름을 하고 있다면 다음과 같은 한 마디 말을 해주고자 한다. 나와 견해가 다른 그리스도인들에게 더 많은 사랑을 나타내고, 당신의 생각을 표현할 때는 겸손하고

점잖게 하라. 이것이 얼마나 양극화를 초래할 수 있는 사안인지 과소평가해서는 안 된다. 이는 특히 교회의 지도자들과 다른 견해를 갖고 있을 때 더욱 더 중요한 문제다. 당신이 그들의 지도력을 존중하고 있다는 것을 그들이 확신할 수 있게 해주어야 하며, 또한 "평안의 매는 줄로 성령이 하나 되게 하신 것을 힘써 지키"(엡 4:3)기 위해 최선의 노력을 다해야 한다. 그리스도의 몸에 유익이 되고 그 몸을 세워 가기 위해 성령님이 주신 그 은사들 때문에 도리어 그 몸이 찢어진다는 것은 참으로 비극적인 일이 아닐 수 없다.

상호보완론 대 평등론

상호보완론과 평등론 사이의 논쟁도 제2 순위 쟁점의 또 한 가지 예다. 상호보완론은 남성과 여성이 교회와 가정에서 각자 구별된 역할이 있다고 주장하는 반면, 평등론은 남성과 여성 모두 교회와 결혼 관계 속에서 다양한 역할을 수행하는 데 있어 동등하다고 주장한다. (물론 지금은 이러한 정의와 용어에 대해서도 논란이 있고, 이 두 가지 외에도 다양한 견해들이 있다.) 여기서는 이 논쟁이 크게 보았을 때 왜 제2 순위 쟁점인지에 대해 세 가지 이유를 언급하고자 한다.

첫 번째로, 이 논쟁은 영적 은사에 관한 논쟁과 같이 실천적인 차원과 관련이 있음을 인정해야만 한다. 즉 이 두 입장은 지역 교회를 이끌어 가는 방식에 있어서 상호 배타적이다. 왜냐하면 개 교회의 장로직을 오직 남성들에게만 허용할 것인지 아니면 여성들에게도 허용할 것인지에 관한 것이기 때문이다. 개중에는 "나는 평등론자도 상호보완론자도 아니다."라고 말하며 스스로 그 중간 즈음 어딘가에 서려고 하는 이들을 간혹 보게 된다. 물론 양쪽 각각의 입장에서 여러 가지 다른 형태들이 파생되어 나오는데 우리는 그 안에 담긴 미묘한 차이점들을 열린 마음으로 대해야 한다. 또한 각 진영 안에서도 다양한 변형들이 있는 것도 사실이다. 하지만 궁극적으로 문제가 되는 몇 가지 핵심 사안에 있어서는 양다리를 걸치는 일은 불가능하다. 예컨대 한 교회 안에서는 여성에게 장로 안수를 줄 것인지에 대해 이쪽이든 저쪽이든 결정을 내려야만 한다. 이 질문에 예와 아니오의 두 가지 대답을 동시에 할 수는 없는 일이다.

그뿐 아니라 결혼한 부부들의 제자훈련과 결혼을 앞둔 교인들의 혼인 전 상담 역시 교회가 감당해야 할 책무인데, 이에는 필연적으로 혼인 관계의 올바른 모습을 분명하게 보여주어야 하는 일이 포함될 수밖에 없다. 어떤 교회에서는 그리스도께서 교회를 사랑하시듯 남편들도 그분의 모범을 따라 섬기는 지도자의 역할을 감당해야만 한다고 주장할 것이다. 그런가 하면 어떤 교회에서는 에베소서 5장의 말씀을 특정한 문화적 테두리 안에서 나타나는 것으로 해석하여 혼인의 당사자들은 서로에게 상호 복종해야 함을 강조할 것이다. 서로 다른 견해 중에 어느 하나를 택하는 것은 가능하지만, 아무런 입장도 취하지 않는 것은 불가능한 일이다. 설사 이에 대해 일체 언급을 피한다 해도 그 자체가 하나의 입장이 되는 것이다.

둘째, 상호보완론과 평등론의 논쟁을 더욱 복잡하게 만드는 것은 현재 우리의 문화가 젠더와 정체성의 문제로 씨름하고 있는 더 넓은 배경과 관련이 있다. 젠더는 궁극적으로 사회적인 산물인가, 아니면 미리 정해진 현실인가? 오늘날에는 남성과 여성의 역할이 서로 다르다는 개념뿐만 아니라, 남성성과 여성성을 확고한 현실로 받아들이는 보다 더 기초적인 인식까지도 갈수록 논란이 되고 있다. 이와 같이 성 역할에 대한 서로 다른 견해는 인류의 번성이라는 더 넓은 비전과 연결되어 있는데, 예컨대 결혼의 올바른 정의가 그와 같은 것이다. 비록 상호보완론과 평등론 모두 결혼 관계에 있어 상호보완적인 성 역할이 필수적이라는 점에는 동의하는 경우가 많지만, 그럼에도 그 방식에 있어서는 양편이 서로 다른 전제를 기반으로 하고 있으며, 또한 현재의 문화적 흐름에 상대가 너무 많이 양보한다거나 혹은 너무 적게 양보한다고 생각하는 일도 종종 있다. 다시 말해서 상호보완론과 평등론의 대립은 그저 우리가 교회와 결혼 관계를 어떻게 형성할 것인가의 문제만이 아니라, 서구의 후기 근대 사회가 겪고 있는 격변 속에서 어떤 시각이 더 성경적인지에 관한 문제이다.

상호보완론과 평등론 쟁점의 세 번째 측면은 성경해석학적 관점에서 이 주제를 어떻게 볼 것인가 하는 점이다. 세례나 영적 은사에 대한 견해 차이 역시 성경 해석의 차이에서 기인하기는 하지만, 그 차이점들이 대개는 보수와 진보의 흐름을 따라 나누어지지는 않는다. 하지만 성 역할에 관한 논쟁에서는 보수와 진보의 대립적인 시각이, 실재하는 것이든 혹은 그렇게 인식되는 것이든, 그와 같은 차이점들을 만들어내는 하나의 주요한 요인이 되는 것이 사실이다. 상호보완론자들이 평등론자들에 대해 가장 우려하는 근본 원인은 그들의 해석학적 기조인데, 이와 마찬가지로 평등론자들 역시 상호보완론자들의 해석학을 위험한 것으로 보고 있다. 이러한 우려가 합당한 것인지 여부는 차치하고서라도 그것이 이 논쟁의 한 부분이라는 점은 부정할 수 없으며, 그로 인해 분열이 더욱 가중되는 것도 사실이다.

이 모든 점들을 종합해 보면 상호보완론과 평등론의 논쟁은 복음의 사활이 걸린 문제는 아니지만, 그럼에도 우리가 그 복음을 지켜내는 방법에 중요한 영향을 미치는 것이라고 볼 수 있다. 그렇기 때문에 교회나 어떤 사역 단체가 그에 관해 특정한 입장을 취하는 것이 그렇게 놀랄 만한 일은 아니다. 예를 들어 다음 세대를 위해 복음 중심적인 사역을 추구하고자 하는 복음연합(the Gospel Coalition)이라는 단체는 그들의 신앙선언문에서 상호보완론을 주장하고 있다.[114] 그렇지만 다양한 교단과 신학적 배경을 가진 사람들과 교회들이 함께하는 운동인 만큼 그들은 세례나 천년설, 혹은 영적 은사와 같은 쟁점으로 인해 서로 갈라서지 않는다.

가끔씩 복음연합은 그 설립 문서에서 상호보완론은 주장하면서

---

114 D. A. Carson and Timothy Keller, eds., *The Gospel as Center: Renewing Our Faith and Reforming Our Ministry Practices* (*Wheaton, IL: Crossway*, 2012), 274–78을 보라.

세례 같은 주제에 대해서는 어떠한 입장도 취하지 않는 것에 대해 비판을 받기도 한다. "복음 중심적" 사역을 추구한다고 하면서 복음을 사랑하는 사람들 사이를 갈라 놓는 특정 주제에 대해 어느 한쪽의 입장을 취하는 것은 일관성이 없는 일 아닐까? 꼭 그렇지는 않다. 그러한 결정들은 우리가 2장에서 살펴본 바와 같이 어떤 교리는 복음에 본질적이지는 않더라도 충분히 중요할 수 있다는 사실에 바탕을 두고 신학적 선별작업을 하여 다다른 결론이기 때문이다. 그러므로 복음을 중심에 두는 것이 여러 가지 2차적 쟁점들의 중요성을 인정하는 것과 반드시 상충하는 것은 아니다. 그 밖에도 복음연합의 신앙고백 선언문에서는 이중 전가, 화목제물로서의 속죄, 하나님의 선택, 성경의 무오성 등 때로는 정통의 범위 안에 있는 다른 그리스도인들과 논쟁을 일으키는 교리들을 인정하고 있다.

이런 비유를 한 번 생각해 보자. 당신은 지금 미국의 법 실천을 다시 국가의 최고 법인 헌법의 중앙 위치에 되돌려 놓는 것을 목표로 하는 어떤 기관을 설립하려고 한다. 그렇다면 당신이 설립한 기관은 헌법이나 이어지는 미국의 법률 역사와 관련된 모든 사안에 대해 반드시 중립을 지켜야만 한다는 뜻인가? 물론 그렇지 않다. 중앙에 다시 초점을 맞추려 하다 보면 어떤 식으로든 주변에 있는 것과 관련되는 일을 피할 수 없다. 마찬가지로 어떤 사안이 복음과 구별된다고 해서 그것이 복음에 아무런 영향도 미치지 않으리라고 생각하는 것은 잘못이다. 이것이 바로 제2 순위의 교리들을 하나의 범주로 인정하는 것의 핵심이다.

이상의 모든 내용을 고려해 보면, 가끔씩 그리스도인들이 상호보완론과 평등론 사이의 차이점으로 인해 사역의 제휴관계나 보다 긴밀한 형태의 교회적 연합이 어렵게 되거나 어쩌면 아예 가로막힐 수도 있다고 생각하는 것은 이해할 만한 일이다. 그러나 동시에 우리는 몇 가지 주의사항을 염두에 둬야만 한다. 첫째, 이것은 제1순위의 사안이 아님을 명확히 하는 것이 중요하다. 상호보완론자와 평등론자는 서로를 그리스도 안에서 하나의 복음을 공유하는 형제와 자매로 받아들일 수 있을 뿐만 아니라, 그런 마음으로 서로를 대하며 복음의 삶을 살아가야 한다. 하지만 안타깝게도 실제로 그런 일을 보기는 쉽지 않다. 오히려 상대편의 가장 안 좋은 모습을 가정하거나 혹은 어떤 특별한 견해를 가진 사람들을 최악의 경우와 연결시키는 일이 너무 자주 일어나기 때문이다. 상호보완론자들은 평등론자들을 진리를 타협하는 자유주의자로 생각하며, 평등론자들은 상호보완론자들을 여성을 억압하는 성차별주의자로 여긴다.

그러나 관점에는 다양한 유형이 존재함을 인정하고, 보다 사려 깊고 신중한 사람들 사이에서 접촉점을 찾으려 하는 것이 더 좋을 것이다. 그렇다고 차이점을 무시하라는 말은 아니다. 각자의 진영에는 언제나 경건하고 총명한 그리스도인들이 있지 않은가. 이 사안을 문서상으로는 제2순위로 표기해 놓고 감정적으로나 실제적으로는 제1순위로 올려 놓는 일이 있어서는 안 될 것이다.

또 하나 덧붙이자면, 상호보완론을 실행하는 방법에 관한 사안들이 전부 다 제2 순위에 속하는 것은 아니라는 점을 인정해야 한다. 각각의 견해를 실제로 실천하는 데는 수많은 차이점들이 존재한다. 예를 들어 최근에 상호보완론 진영 안에 있는 앤드류 윌슨, 존 파이퍼, 톰 슈라이너 등의 인물들은 지역 교회에서 장로들의 지도 하에 여성이 설교를 할 수 있는지에 관해 논쟁을 벌인 일이 있다.[115] 내 생각에 이러한 의문들은 중요한 것이기는 해도 제3 순위 범주에 속하는 것이다.

마지막으로 나 역시 상호보완론 진영에 속해 있으므로 우리 진영의 사람들이 이 논의에 있어 주의해야 하겠다 싶은 점 두 가지만 특별히 언급하고자 한다.

첫째, 상호보완론자들은 1세기부터 오늘날에 이르기까지 문화를 해석하는 해석학적 작업에 얼마나 복잡한 문제들이 내재되어 있는지를 인정해야 한다. 예를 들면, 바울은 "아내들이여 자기 남편에게 복종하기를 주께 하듯 하라"(엡 5:22)고 말한 직후에 곧바로 "종들아 육체의 상전에게 순종하라"(엡 6:5)고 말한다. 따라서 우리는 단순히 에베소서 5장 22절을 인용하고 다음으로 넘어가면 그걸로 끝나는 것으로 생각해서는 안 된다. 마찬가지로 바울은 여성이

---

115 예를 들어, John Piper, "Can a Woman Preach If Elders Affirm It?," desiringGod, February 16, 2015, http://www .desiring god.org/interviews/can-a-woman-preach-if-elders-affirm-it; Andrew Wilson, "Women Preachers: A Response to John Piper," Think, May 6, 2015, http://think theology .co .uk/blog/article/women preachers a _response to john piper; Thomas R. Schreiner, "Why Not to Have a Woman Preach: A Response to Andrew Wilson," desiringGod, May 7, 2015, http://www .desiring god.org/articles/why-not-to-have-a-woman-preach. 윌슨과 조너선 리먼은 추가적인 대응 글을 제공하였다.

교회 안에서 남성을 가르쳐서는 안 되는 근거가 창조의 교리에 있다고 말하면서(딤전 2:11-15), 머리를 가리는 것 역시 창조의 교리에 그 근거가 있다고 가르친다(고전 11:2-16). 그렇기 때문에 그저 창조에 호소하는 것 자체만으로는 어떤 것이 문화적인 적용이고 어떤 것이 문화를 초월하는 원리인지 우리는 알 수 없다.[116]

오해 없기를 바란다. 나는 상호보완론자이며 또한 에베소서 5장과 디모데전서 2장의 말씀에는 문화를 초월하는 원리들이 있다고 믿는다. 하지만 우리가 마치 이 구절들에 대한 해석이 너무도 자명해서 상호보완론에서 벗어나는 생각은 그 어떤 것이든 그저 의도적인 타협에 불과한 것처럼 생각한다면 우리와 견해가 다른 이들을 충분히 존중하는 것이 아니다. 진리는 그렇게 단순하지 않다. 우리는 우리와 생각이 다른 사람도 진실할 수 있다는 것을 받아들여야 하며, 성경의 계명을 다양한 문화적 상황에 적용하는 것이 복잡한 일이라는 사실도 인정해야만 한다.

둘째, 상호보완론자들은 이러한 견해에 근거하여 교회 내의 여성들을 과도하게 규제했을 때 그들이 받게 되는 상처를 민감하게 살필 수 있어야 한다. 상호보완론을 취하는 어떤 곳에서는 성령께서 여성들에게 주신 영적 은사의 가치를 경시하는 가슴 아픈 일이 있는데, 이는 우리가 성경에서 금지하는 것에 더 무게를 두기 때문

---

116 이 점과 관련한 평등론의 주장에 대해 유익한 답변은 다음을 보라. Craig Blomberg, "A Response to Craig Keener," in *Two Views on Women in Ministry*, rev. ed., ed. James R. Beck, Counterpoints (Grand Rapids, MI: Zondervan, 2005), 251.

이다. 그러나 교회 내의 성 역할에 대한 우리의 신학은 구약의 선지자들 중에 여성이 많이 있었다는 사실(미리암, 드보라, 훌다 등)과 신약에서도 예언의 은사가 남성과 여성 모두에게 주어졌다는 분명한 사실(행 2:17-18; 21:9; 고전 11:5)을 간과해서는 안 된다.

게다가 신약성경을 보면 여성이 집사의 직분을 맡았었다는 강력한 주장이 제기될 수도 있다. 물론 디아코노스(διάκονος)라는 단어가 특별히 어떤 기술적인 용어가 아닌 "일꾼"이라는 일반적인 의미로 사용될 수도 있지만, "우리 자매 뵈뵈"를 "겐그레아 교회의 디아코노스(diakonos)"(롬 16:1)라고 불렀던 사실을 생각해 보면 그것을 교회의 공적 직분을 가리키는 용어로 사용했다고 보는 편이 훨씬 자연스럽다. 그뿐 아니라 디모데전서 3장 11절의 "여자들" 역시 집사의 아내들이라기보다는 여집사들이라고 보는 것이 더 그럴 듯하다. 왜냐하면 바울이 장로는 제외한 채 집사의 아내들에 대해서만 일정한 자격요건을 나열하고 있다는 것은 이해하기 어려운 일이기 때문이다. 더군다나 교회 역사를 살펴보면 일반적으로 오늘날보다 훨씬 더 가부장적인 문화 속에 있었던 여러 교회에(예컨대 초기 몇 세기 동안, 칼빈의 제네바에서) 여집사들이 있었다는 사실은 놀라운 일이다.[117]

상호보완론자들은 우리가 너무 지나치게 나간 곳은 없는지 한

---

117 이 내용을 좀 더 풍성하게 다룬 글은 다음을 보라. Thomas Schreiner, "Does the Bible Support Female Deacons? Yes," The Gospel Coalition, February 19, 2019, https://www.the gospel coalition.org/article/bible-support-female-deacons-yes/.

번쯤 겸손하게 돌아보아야 한다. 이 주제와 관련하여 우리는 허용
된 것을 금하는 것보다 금해진 것을 허용하는 일에 더 큰 두려움을
보일 필요는 없다. 오히려 모든 교인이 그리스도의 몸에 기여할 수
있다는 사실을 기뻐해야 한다.[118]

이 사안을 좀 더 탐구해 보고자 하는 분들을 위해 두 가지 유익
한 자료를 소개하고자 한다.

Keller, Timothy, with Kathy Keller. "Singleness and Marriage." In *The Meaning of Marriage: Facing the Complexities of Commitment with the Wisdom of God*, 192–218. New York: Dutton, 2011.

Köstenberger, Andreas J., and Margaret Elizabeth Köstenberger. *God's Design for Man and Woman: A Biblical-Theological Survey*. Wheaton, IL: Crossway, 2014.

지혜의 필요성

앞서 예고했던 것처럼 지금까지 각각의 쟁점들을 간략하게만
다루어 보았을 뿐, 그에 대한 해결책을 제시하려고 하지는 않았다.
하지만 이상의 논의를 통해 신학적 선별작업의 판단이 복잡할 수
밖에 없는 몇 가지 요인들에 대해 인식이 제고되었기를 바란다. 어

---

[118] 이 점에 대해 더 풍성한 내용은 다음의 나의 글을 보라. "4 Dangers for Complementarians," The Gospel Coalition, November 14, 2014, https://www .the gospel coalition.org/article/four-dangers-for-complementarians.

떤 사안이 제2 순위인지 아니면 제3 순위인지, 또는 그것이 제2 순위 교리로서 얼마나 중요한 것인지 등은 그것이 다른 교리들과 어떤 관계를 맺고 있는지, 그리고 어떠한 태도로 그것을 받아들이는지에 따라 달라지는 경우가 많다. 그것이 실제 삶에 어떤 결과를 맺는지 알기 위해서 우리는 "종합적인 요소들"을 고려해야만 한다.

모호함을 좋아하는 사람은 많지 않을 것이다. 모든 일이 깔끔하게 정리되기를 바란다. 사안 하나하나마다 번호를 부여해서 그에 따라 어떻게 행해야 하는지 알 수 있었으면 한다.

하지만 안타깝게도 실제 인생은 깔끔하게 정리된 서랍장과는 비교도 할 수 없을 정도로 복잡하다. 상황을 고려하지 않은 채 변하지 않는 잣대로 등급을 분류할 수 있는 교리는 많지 않다. 때문에 제1 순위 교리에 용기가 꼭 필요했던 것처럼, 제2 순위 교리에 꼭 필요한 것은 바로 지혜다. 신학적 선별작업은 어떤 수식이나 방정식이 아니다. 실제적인 삶의 문제이며, 그렇기에 다양한 요소들과의 관계 속에서 미묘한 차이점들이 끊임없이 영향을 미친다.

그러므로 효과적인 신학적 선별작업을 수행하기 위해서는 기도하며 겸손히 성령님을 의지하는 것이 가장 중요하다. 신학적인 지혜는 기타 모든 형태의 지혜와 마찬가지로 지적인 차원이 아닌 영적인 차원의 문제이다. 인생의 다른 부분도 다 마찬가지지만 특히 이러한 일에 있어서 우리는 솔로몬의 잠언에 귀를 기울여야 한다.

"네 명철을 의지하지 말라.

스스로 지혜롭게 여기지 말지어다"(잠 3:5, 7).

우리에게 지혜가 필요함을 깨닫는 것이 별일 아닌 것처럼 보일 수 있지만, 그로 인해 우리는 하나님께 우리의 부족함을 채워 달라고 겸손히 기도할 수 있게 된다. 그리고 감사하게도 하나님은 이러한 기도에 응답하시겠노라고 약속하셨다(약 1:5).

6장
3차적 교리로 인해
분리해서는 안 되는 이유

전쟁에서뿐만 아니라 신학에서도 피해야 할 싸움이 있다. 타협하거나 그냥 넘어감으로써 실패할 때가 있는 것처럼, 충동이나 조급함 때문에 실패할 때도 있는 법이다. 사실 내가 보기에는 군대의 장군이든 신학자이든 현명하다는 평가를 받는 것은 어떤 행동을 할 때보다는 오히려 인내할 때 그런 평가를 받는 경우가 훨씬 더 많지 않을까 한다. 싸움으로 치달을 수 있는 대부분의 경우는 싸우지 않는 편이 더 좋다. 그리고 내 생각에는 오늘날 그리스도인들이 직면하고 있는 교리에 관한 싸움들은 대다수가 제3 순위 혹은 제4 순위의 사안인 경우가 많은 것 같다. 우리에게 정말로 필요한 것은 교리에 대해 관용과 평온, 그리고 회복력을 기르는 것이다.[119]

---

119 2019년 3월 26일, 나의 친구인 조너선 리면은 어떤 목사가 자신의 SNS에 남긴 메시지를

이러한 필요성을 강조하기 위한 예로 이번 장에서는 창세기 1장의 창조의 날과 요한계시록 20장의 천년설의 본질에 관한 교리적 논쟁을 제시하고자 한다. 성경의 가장 처음과 끝에 있는 이 본문 말씀을 어떻게 해석하느냐의 문제로 그리스도인들 사이에 분열이 생기는 일이 종종 있기 때문이다. 그러나 이번 장에서 우리가 주장하는 바는 이 두 가지 사안에 대해서는 어떤 단계에서도 분열이 일어나서는 안 된다는 것이다.

그렇다고 기원론(처음의 일)과 종말론(마지막 일)에 관계된 것들은 전부 다 제3 순위라는 말은 아니다. 이러한 영역에도 제1 순위 교리가 다양하게 포함되어 있는데, 예컨대 무로부터의 창조(creation ex nihilo)나 그리스도께서 육신을 입고 재림하시는 것 등이 그러하다.

그러나 미국의 복음주의자들이 창조와 종말에 관해 보다 핵심적인 측면은 무시하면서 그 주변의 것들로 인해 서로 분열해 왔다는 것은 역사의 아이러니가 아닐 수 없다. 즉 상당수의 복음주의자들은 그리스도의 재림, 최후의 부활, 최후의 심판(모두 내가 보기엔 제1 순위 교리들) 같은 것들보다는 휴거의 시기, 적그리스도의 정체, 천년설의 본질(모두 내가 보기엔 제3 순위 교리들) 등에 더 많이 초점을 맞춘다. 마찬가지로 "창조론 전쟁"에 대해서는 속속들이 잘 알고 있으

내게 보내 왔다. "내가 생각했던 목사의 일은 교회 멤버들이 서로를 독려하여 성경에서 명한 일들을 감당해갈 수 있게 하는 것이었다. 그러나 지금 내가 하고 있는 일의 대부분은 성경에서 전혀 명하지 않은 일들을 교회 멤버들이 서로에게 요구하지 못하도록 막는 일이다."

면서도 하나님의 창조에 담긴 선하심이나 거기서 파생되는 일들과 같이 초대 교회에서 엄청나게 공을 들였을 뿐만 아니라 오늘날에도 기독교 세계관의 사활이 걸려 있는 기본적인 질문들에 대해서는 꾸준히 숙고해 보지 않는 복음주의자들이 많다.

3차적인 사안을 놓고 싸우는 일은 유익하지 않다. 반면 1차적인 사안을 소홀히 하면서 그 와중에 3차적인 사안을 놓고 싸우고 있는 것은 더 나쁜 일이다. 따라서 이제 우리는 교리적 우선순위에 대한 비판적 사색으로부터 어떤 유익을 얻을 수 있는지를 보이기 위해 이 두 가지 사안을 가져와 보려는 것이다.

그리스도인이 천년설 때문에 분리해서는 안 되는 이유

끝에서부터 시작해 보자. 요한계시록 20장에 나오는 천년은 최근의 교회 역사에서 분열을 일으키는 쟁점이 되었다.[120] 특히 전천년설은 성경의 무오성과 함께 초기의 근본주의-복음주의 운동에서 그 정체성을 판가름 짓는 사안이었다. 예를 들어 복음주의의 대표 주자였던 칼 헨리(Carl F. H. Henry)는 그의 자서전에서 초기의 근본주의자들과 복음주의자들 사이에 분열의 쟁점이 되었던 몇 가지 사안을 설명한다.[121]

---

120 이 논쟁은 요한계시록 20장 1-6절에서 요한이 예언한 천년의 황금시대와 관련하여 그리스도께서 재림하시는 시기가 언제인지에 관한 문제이다. 이에 대한 몇 가지 주요 견해에 대해서는 3장에서 그 의미를 밝힌 바 있다.

121 Carl F. H. Henry, *Confessions of a Theologian: An Autobiography* (Waco, TX: Word, 1986), 67, 149.

혹은 풀러신학교의 설립 초기를 생각해 보자. 이 학교는 철저히 전천년설의 입장에 있었고, 그것을 신학교의 신앙선언문에 담았다. 그런데 교수진은 환란 전 휴거설과 환란 후 휴거설로 첨예하게 대립하고 있었다. 조지 마스든(George Marsden)이 "대표적인 쟁점"이라고 불렀던 이 구도 속에서 환란 전 휴거설 진영에는 해롤드 린드셀(Harold Lindsell), 윌버 스미스(Wilbur Smith), 글리슨 아처(Gleason Archer), 칼 헨리(Carl Henry), 에버렛 해리슨(Everett Harrison), 찰스 우드브릿지(Charles Woodbridge) 등이 속해 있었고, 환란 후 휴거설 쪽 진영에는 조지 엘든 래드(George Eldon Ladd), 에드워드 존 카넬(Edward John Carnell), 클라렌스 로디(Clarence Roddy), 다니엘 풀러(Daniel Fuller) 등이 속해 있었다.[122] 그런 상황 속에서 역사적 전천년설을 다룬 래드의 책 『재림과 휴거(*The Blessed Hope*)』(1956)는 큰 논란을 일으켰다. 여기서 무천년설과 후천년설을 어떻게 보았을지 상상해 보라!

지금은 상황이 좀 다르다. 이 사안에 대한 요구사항을 완화하고 다양한 견해를 받아들이는 교단과 교회들이 많이 있다. 데이비드 로취(David Roach)는 이렇게 말한다. "20세기 중반 멤피스의 목사인 R. G. 리(Lee)는 치과에서 입을 벌릴 때도 '아' 소리를 내지 않으려 했다고 우스갯소리를 했는데, 이는 당시 그를 포함한 남침례교단의 신학자들이 무천년설에 대해 갖고 있던 강한 반감을 표현한

---

122 George Marsden, *Reforming Fundamentalism: Fuller Seminary and the New Evangelicalism* (Grand Rapids, MI: Eerdmans, 1995), 151.

것이다."[123] (일종의 언어유희를 담고 있는 이 농담은 무천년설의 영어 단어인 Amillennialism의 발음이 '아-밀레니얼리즘'인 것을 희화화한 것이다. 화자에 따라서는 이것을 '에이밀레니얼리즘'이라고도 발음한다.-역자주) 오늘날에는 남침례교 안에도 훨씬 더 다양한 견해들이 존재하고 있는데,[124] 이는 다른 교단에서도 마찬가지이며 또 그 중에는 자신들의 입장을 변경하고 있는 이들도 있다.[125]

그런가 하면 여전히 전천년설을 의무적인 조항으로 유지하고 있는 교회, 네트워크, 교단들도 많이 있다. 톰 슈라이너는 "어떤 이들에게는 사실상 전천년설이 정통과 동일한 가치를 지닌다."라고 논평한다.[126] 로버트 클라우스는 이 논쟁을 가리켜 "최근의 기독교 역사에서 가장 분열을 야기하는 요소 중의 하나"라고 부른다.[127]

복음주의권의 분열에 천년설이 관여되어 있다는 것은 참으로 안타까운 일이라고 생각한다. 이에 나는 그 어떤 상황에서도 천년

---

123 David Roach, "Southern Baptists and the Millennium," *SBC Life* 22, no. 5 (June 2014); available online June 1, 2014, http://www.sbc life.net/article/2295/southern-baptists-and-the-millennium.

124 침례교의 신앙과 메시지에서는 "예수 그리스도는 영광 중에 친히 가시적으로 이 땅에 다시 오실 것이다."라고만 정해 놓고 있다(제10조).

125 예를 들면 미국 복음주의 자유교회(the Evangelical Free Church of America)에서는 신앙선언문 제9조를 수정하여 거기서 "천년 전에"라는 단어를 삭제하고 그것을 "영광스러운"으로 대체하려는 안건을 고려하고 있다. 이와 같은 변경에 대한 이유를 밝힌 교단측의 설명은 다음의 자료에서 읽어볼 수 있다. "Proposal to Amend EFCA Statement of Faith: A Rationale for the Change," EFCA, https://www.efca.org/resources/document/proposal-amend-efca-statement-faith, accessed April 7, 2019.

126 Thomas R. Schreiner, endorsement of Sam Storms, *Kingdom Come: The Amillennial Alternative* (Fearn, Ross-shire, UK: Mentor, 2013).

127 Robert G. Clouse, postscript to *The Meaning of the Millennium: Four Views*, ed. Robert G. Clouse (Downers Grove, IL: InterVarsity Press, 1977), 209.

설 때문에 우리가 분열해서는 안 되는 성경적, 실천적, 역사적 이유를 제시하고자 한다.

첫째, 성경적으로 봤을 때 천년에 관한 명시적인 언급은 오직 한 구절에만 나타난다. 그리고 그것은 어쩌면 신약성경 중에서도 가장 어려운 책에 등장하는 해석하기 지극히 어려운 구절이다. 때문에 천년설은 성경의 교리와는 구별되는 것인데, 왜냐하면 교리는 성경의 여러 곳에 나타나는 내용을 종합적으로 수렴하여 얻은 결론이나 성경 전체에 등장하는 특정한 주제나 모티브를 발전시켜 형성한 것이기 때문이다. 물론 전천년설을 따르는 이들은 성경의 다른 곳에도 천년에 관한 언급이 나타나거나 암시되어 있다고 주장하며, 다른 천년설들도 모두 여러 개의 구절과 그에 대한 고찰을 종합하여 그들의 논지를 펼친다고 주장한다. 하지만 논의의 가장 중심에 있는 구절, 즉 사실상 천년을 언급하는 유일한 구절은 요한계시록 20장 1-6절뿐임을 부인하기는 어려워 보인다. 만약 요한계시록 20장이 없었다면 전천년설이 존재할 수 있을지 여부는 의문이다.

그렇다고 해서 그 자체만으로 전천년설이 (혹은 천년에 관한 다른 견해들이) 아무런 가치가 없다는 말은 당연히 아니다. 상대적으로 언급되는 구절이 얼마 안 되지만 우리가 교리로서 믿고 있는 것도 있기 때문이다(예컨대 본서에서 나는 동정녀 탄생이 제1 순위 교리라는 것을 주장했다!). 그뿐 아니라 심지어 단 한 구절일지라도 우리가 그것을 바로 알고 그에 대해 확신을 갖게 된다면 우리는 그것을 충분히 받아들일 수 있다. 하지만 앞서 언급한 것처럼 천년에 대해 명시적으로 말하고 있는 구절은 성경 전체에서도 가장 어려운 책 중의 하나로 꼽히는 곳에 위치하고 있다. 요한계시록은 해석하기 지극히 까다로운 종말론적 이미지와 상징으로 가득 차 있으며, 요한계시록 20장 1-6절도 예외가 아니다. 점진적 계시에 대한 전천년주의자들의 항변을 인정한다 하더라도,[128] 성 아우구스티누스와 같은(아우구스티누스에 관해서는 잠시 후에 좀 더 언급함) 숙련된 신학자들조차 그 견해를 바꿀 정도로 논란의 여지가 굉장히 높은 본문 하나에서 도출된 견해 때문에 다른 그리스도인들과 분열하게 되는 것은 경계해야 할 일이다.

둘째, 실천적인 관점에서 봤을 때 천년에 관한 교리는 우리가 살펴보았던 제2 순위 교리들보다 그리스도인의 삶과 교회의 건강에 영향을 미치는 실천적인 차이를 거의 만들어 내지 못한다. 물론 이러한 주장에 대해 이의를 제기하는 그리스도인들도 있다. 가장 대표적인 것은 전천년설 진영에서 나오는 반론인데, 이는 무천

---

128 Wayne Grudem, *Systematic Theology: An Introduction to Biblical Doctrine* (Grand Rapids, MI: Zondervan, 1994), 1117은 다음과 같이 이것이 구약시대 말의 상황과 유사하다고 주장한다. "메시아가 처음에는 고난 받으시는 메시아로서 죽으시고 부활하셔서 우리의 구원을 이루시고, 후에는 승리의 왕으로서 이 땅을 다스리시기 위해 두 번째 오신다는 취지의 가르침은 구약성경 그 어디에도 명확하게 나타나지 않는다." 그러나 메시아의 오심에 대한 다른 두 견해보다 그리스도의 재림 이후에 천년의 간극이 따라온다는 생각을 더 충격적으로 여길 사람들이 많을 것 같다. 결국 무천년주의자들과 후천년주의자들은 죽은 이들의 부활이 그리스도의 재림을 통해 이루어진다는 점은 신약성경에 명시적으로 나타나고 있음을 주장한다. "아담 안에서 모든 사람이 죽은 것 같이 그리스도 안에서 모든 사람이 삶을 얻으리라 그러나 각각 자기 차례대로 되리니 먼저는 첫 열매인 그리스도요 다음에는 그가 강림하실 때에 그리스도에게 속한 자요" (고전 15:22-23).

년설과 후천년설의 해석학적 함의에 대한 두려움에서 일어나는 것이다. 즉 만약 이 구절을 "영적인 의미로 해석"하면 그 다음에는 또 어떻게 될지에 대한 우려이다. 존 왈부어드는 이러한 우려를 다음과 같이 표현했다. "그리스도의 부활을 영적으로 해석하는 근대주의자들은 B. B. 워필드가 요한계시록 20장 1-10절에서 하늘에 대해 적용했던 것과 거의 동일한 방식을 사용한다."[129] 하지만 조지 래드가 지적하는 바와 같이, 그리스도의 부활에 대한 성경의 가르침을 인정하다가도 또 다른 바탕 위에서는 그 사실을 부인하는 자유주의와 요한계시록에 나타나는 하늘의 모습을 본문 말씀 그대로 받아들이는 무천년주의 사이에는 결정적인 차이점이 있다. 설사 자유주의와 무천년주의가 둘 다 틀렸다 하더라도, 그 둘이 틀린 이유와 방식은 전혀 다르다. 그러므로 래드의 답변과 같이 천년설은 "똑같이 성경을 하나님의 영감된 말씀으로 받아들이는 복음주의 학자들이 '자유주의'라는 비난을 받지 않으면서 서로 견해를 달리할 수 있는 문제이다."[130] 더욱이 행여 우리가 전천년설과 다른 견해들 사이의 해석적 차이는 "해이해짐"의 문제라는 것에 동의한다 할지라도, 그러한 해석의 적용보다는 그 해석 자체에 대해 서로 나뉘는 것이 더 낫지 않겠는가?

천년설은 앞날을 내다보는 우리의 관점에 커다란 영향을 미치

---

129 John F. Walvoord, The Millennial Kingdom$$ (Findlay, OH: Dunham, 1959), 71.

130 George Eldon Ladd, "Historic Premillennialism," in Clouse, *Meaning of the Millennium*, 20.

며, 그로 인해 현시대의 문화를 대하는 우리의 태도에도 영향을 미치기 때문에 이는 중요한 문제라고 항변하는 이들이 있을 수 있다. 그러나 역사적으로 천년설과 관련되어 온 비관론이나 혹은 낙관론은 상당 부분 그 해당 입장 안에 본질적으로 내재되어 있는 것은 아니다. 예를 들어 무천년주의자들 중에는 미래에 대해 굉장히 비관적인 이들도 있고 그렇지 않은 이들도 있다. 또한 무천년설 안에 문화를 비관적으로 보게끔 하는 어떤 필연적인 요소가 있는 것도 아니다(내 자신도 밝고 긍정적인 무천년주의자이다). 이는 다른 견해들에 대해서도 어느 정도는 사실인 것처럼 보이는데, 또 개중에는 후천년설의 핵심은 낙관주의라고 주장하는 이도 있다.[131] 따라서 결론적으로 앞날을 내다보는 우리의 관점이 설사 그리스도인의 삶에 중요한 영향을 미치는 요소라고 하더라도(그 자체는 논란이 있을 수 있지만), 앞날에 대한 우리의 기대라는 이 주제를 천년설과 결부시켜 천년설이 이 기대감에 절대적인 영향을 미치는 것으로 볼 것이 아니다. 이처럼 어떤 견해 자체와 그것에 결부되긴 했으나 엄밀히 보면 꼭 그것에 필수적이지는 않은 문화관을 분리해 내는 것이 천년설 논쟁에서 참으로 필요한 일이다.[132]

131　Greg Bahnsen, "The Prima Facie Acceptability of Postmillennialism," *The Journal of Christian Reconstruction* 3, no. 2 (1976 – 1977): 65.

132　사무엘 앨런 도슨(Samuel Allen Dawson)은 "이러한 주제를 비관론이냐 낙관론이냐 하는 태도의 관점에서 논의하게 되면 성경이 아닌 다른 이유로 어떤 교리를 선택하게 되는 위험성을 초래할 수 있다."고 논평한다. ("The Millennium: An Examination and Analysis of the Methodologies and Strategies of the Various Positions on the Millennial Issue" [PhD diss., Trinity Evangelical Divinity School, 1998], 8).

천년설 문제로 분열해서는 안 되는 세 번째 이유는 이 사안에 대해 교회가 역사적으로 취해 왔던 입장과 관련이 있다. 교회의 역사를 살펴보면 우리와 다른 그리스도인들 사이에 신학적으로 어떤 입장 차이가 있는지 명확하게 이해하는 데 도움이 될 때가 있는데, 천년설이 바로 그런 경우이다. 구체적으로 전천년설을 좇는 미국 복음주의의 기본적인 입장은 전 세계의 역사적인 교회라는 배경하에서 보면 다소 특이한 현상이다.

그리스도께서 이 땅에 오셔서 글자 그대로 천년 동안 다스리신다는 개념은 교회 역사 속에서 "지복천년설(chiliasm)" 혹은 "천년 왕국설(millenarianism)"이라고 불린다. 저스틴 마터나 이레니우스 같은 몇몇 초대 교부들이 아직 다듬어지지 않은 개략적인 형태의 이 관점을 지지했고, 그 이후 초대 교회와 중세 교회의 특정 분리주의 단체들 가운데서 이따금씩 보다 종말론적인 강조점과 함께 이 견해가 불쑥 튀어나오곤 했다.[133] 그러나 몇몇 사람들의 주장과는 달리 지복천년설은 아우구스티누스 이전의 교부들 사이에서는 보편적인 견해가 아니었고 또한 가장 초기의 흔한 견해도 아니었으며, 2세기에 들어서야 비로소 꽃을 피웠다.[134] 더욱이 5세기 초 아우구

---

133 Michael Horton, *The Christian Faith: A Systematic Theology for Pilgrims on the Way* (Grand Rapids, MI: Zondervan, 2011), 923, 925는 초대 교회의 몬타누스주의자들과 중세 시대 알비파와 카타리파 같은 여러 분파 가운데 종말론적 형태의 천년 왕국설이 존재했음을 지적한다.

134 이에 대한 유익한 개관은 다름을 보라. Charles E. Hill, *Regnum Caelorum: Patterns of Millennial Thought in Early Christianity*, 2nd ed. (Grand Rapids, MI: Eerdmans, 2001).

스티누스가 『신국론(The City of God)』에서 무천년설 쪽으로 생각을 바꾼 이후 17세기에 이르기까지 그러한 전천년설의 도식은 그리스도의 재림 이전에 천년의 통치가 있으리라는 기대감의 확산으로 완전히 가려져 버렸다.[135] 이 시기에 가장 지배적인 견해를 토마스 아퀴나스가 잘 표현했는데, 그는 요한계시록 20장의 천년의 의미를 다음과 같이 보았다.

천년은 하나님의 나라로 불리는 현재의 교회에서뿐만 아니라 영혼들이 있는 천상의 나라에서까지 순교자들과 모든 성도들이 그리스도와 함께 다스리는 교회의 전체 시기를 뜻한다. 왜냐하면 "천"은 완전을 의미하기 때문이다.[136]

이러한 견해가 널리 받아들여지면서 개혁자들과 그 이후의 개혁파 전통을 전체적으로 휩쓸게 되었다.

그리하여 대부분의 교회 역사에서 전천년설은 소수 견해가 되었고, 상당수의 복음주의 진영에서 마지막 때를 보는 기본적 관점인 세대주의적 전천년설은 19세기에 이르기까지는 존재하지도 않았다.[137] 이뿐만이 아니라 전천년설은 그간 굉장히 많은 논란을 일

---

135 추가적인 개관은 Gregg R. Allison, *Historical Theology: An Introduction to Christian Doctrine* (Grand Rapids, MI: Zondervan, 2011), 683 - 701을 보라.

136 Thomas Aquinas, *Summa contra Gentiles, 5 vols. (Garden City, NY: Doubleday, 1955–1957),* 4:329, quoted in *Thomas C. Oden, Classic Christianity: A Systematic Theology* (New York: HarperOne, 1992), 806.

137 세대주의적 전천년설의 역사적 발전과 미국 복음주의 안에서 인기를 얻게 된 이유에 대

으키기도 했다. 루이스 벌코프는 "천년에 관한 교리는 그 어떤 고백서에도 담긴 적이 없으므로 교회의 교의로 인정할 수 없다."고 주장한다.[138] 반면에 정통 신앙과 위태로운 갈등을 빚었던 천년설이 있었다면 그 또한 전천년설이다. 예를 들어 431년 에베소 공의회는 이 견해를 미신으로 정죄하였고,[139] 이후의 몇몇 개혁파 고백서들도 이러한 판단을 확장해 갔다. 예컨대 제1 헬베틱 신앙고백서(The First Helvetic Confession)는 "우리는 또한 최후의 심판 이전에 있을 천년, 혹은 지상의 황금 시대에 대한 유대인들의 망상을 거부한다."고 기술하고 있다(제11조).

교회 역사에 나타나는 "지복천년설"과 "천년 왕국설"에 대한 정죄의 결정 중 어떤 것들은 조심스럽게 판단해야 한다. 왜냐하면 그당시 거부되었던 것들은 현대의 복음주의적 전천년설과는 상당히 다르기 때문이다. 초대 교회 당시 천년에 대한 관점들은 본래 몬타누스의 이름을 딴 몬타누스파와 관련이 있었는데, 그는 자신의 생애 안에 그리스도께서 재림하신다는 특별한 계시를 주장했다. 이와 유사하게 존 칼빈은 동시대 "지복천년주의자들의 허상은 너무도 유치해서 반박을 할 필요도 없고 그럴 가치도 없다"는 이유로

해 유익한 개관은 다음을 보라. Storms, *Kingdom Come*, 43-69.

138 Louis Berkhof, *The History of Christian Doctrine* (Grand Rapids, MI: Baker, 1975), 264.

139 Stanley J. Grenz, *The Millennial Maze: Sorting Out Evangelical Options* (Downers Grove, IL: InterVarsity Press, 1992), 44; cf. Michael J. Svigel, "The Phantom Heresy: Did the Council of Ephesus (431) Condemn Chiliasm?," Bible.org, September 17, 2004, https://bible.org/article/phantom-heresy-did-council-ephesus-431-condemn-chiliasm P8 513.

그들을 정죄했는데, 이때 그는 아마도 천국의 영원성을 위험에 빠뜨린다고 여겼던 재세례파의 보다 광적인 견해를 생각했던 것으로 보인다.[140] 다시 말해서 교회 역사에서 전천년설이 논쟁을 불러일으킨 것은 주로 광적인 혹은 이단적인 추종자들과 관련이 있었기 때문이다. 우리가 또한 염두에 두어야 하는 것은 교회 역사에 가끔씩 등장하는 후천년설이나 무천년설 역시 현대의 표현 방식과는 다르다는 점이다. 예를 들어, 아우구스티누스는 요한계시록 20장에서 그리스도와 함께 다스리는 것에는 이미 죽은 신자들이 교회 시대 동안 천국에서 다스리는 것과 이 땅의 신자들이 교회 시대 동안 영적으로, 그리고 교회적으로 다스리는 것이 모두 포함된다고 생각했다.[141]

그러나 교회의 역사적 증언을 사용해서 전천년설에 이단의 딱지를 붙이려고까지 해서는 안 되겠지만, 그렇더라도 최소한 전천년설이 정통 신앙에 대한 시금석의 위치를 차지하게 두어서는 안 될 것이다. 예를 들어 무천년설이나 후천년설은 성경에 대한 자유주의적인, 혹은 일탈적인 입장을 반영하는 것이라는 주장은 지지하기 어렵다. 왜냐하면 그렇게 되면 근본적으로 지난 12세기 동안

---

140 John Calvin, *Institutes of the Christian Religion*, ed. John T. McNeill, trans. Ford Lewis Battles, 2 vols. (Louisville: Westminster John Knox, 2006), 3.25.5. 칼빈이 천년에 대해 주의를 많이 기울이지 않았다는 사실은 놀랍다. 그는 『기독교강요』에서 종말론에 관한 논의 중 상당 부분을 최후의 부활에 집중한다.

141 예를 들어, Anthony A. Hoekema, *The Bible and the Future* (Grand Rapids, MI: Eerdmans, 1979), 183에 기록되어 있음.

아우구스티누스와 중세 교회, 존 칼빈과 다른 개혁자들, 그리고 존 오웬과 사실상 모든 청교도를 포함한 교회 전체가 유지해 온 해석을 의심스러운 것으로 간주할 수밖에 없기 때문이다. 이에 대해 행여 누군가 이 문제에 대한 우리의 해석학을 평가하는 일에는 근대 시대 이전의 관점보다는 근대 시대의 관점이 더 적합하다고 주장한다면, 우리는 성경의 보수적인 교리를 가장 충실하게 지켜온 근대 시대의 신학자 B. B. 워필드가 그 당시 프린스턴 신학교의 동료들이 대부분 그랬던 것처럼 후천년설을 취하고 있었다는 이 명백한 사실도 고려해서 생각해 보아야 한다. 존 칼빈과 조나단 에드워즈는 물론 B. B. 워필드의 해석학에도 자유주의로 기울어질 수밖에 없는 위험성이 있다고 말할 것인가?

앞서 그레샴 메이첸의 책 『기독교와 자유주의』를 인용하여 성례의 본질에 대해 살펴보았는데, 그와 동일한 맥락에서 그는 천년에 관한 내용을 다루며 전천년설에 대해 "심각한 우려"를 표했다. 그 이유는 전천년설이 "잘못된 성경 해석 방법을 취하여 장기적으로 봤을 때 큰 해악을 야기하기" 때문이라고 했다. 그런가 하면 메이첸은 이러한 견해를 취하는 사람들과도 공통점이 많이 있음을 강조하면서, 다음과 같이 그들과 분열하는 것은 원치 않는다고 말하기도 했다.

그렇지만 우리가 전천년설을 취하는 자들과 동의하고 있는 것들이 얼마나 많은가! 그들도 우리와 같이 성경의 권위를 온전히 경외하고 있으나 다만 성경을 해석하는 방식이 우리와 다를 뿐이다. 그들도 우리와 마찬가지로 주 예수님의 신성을 믿고 있으며, 예수님이 처음 세상에 오신 것이나 후에 다시 오심으로써 모든 것을 성취하시는 일이 초자연적으로 이루어진다는 개념을 그들도 우리와 동일하게 갖고 있다. 그렇다면 우리가 보기에 그들의 오류는, 비록 심각한 것일 수도 있지만, 그렇다 할지라도 치명적인 오류는 아님이 분명하다. 따라서 우리가 여전히 그들과 그리스도인의 하나 된 교제를 나누는 것이 성경은 물론 교회의 위대한 신조들에 충성을 다하는 길이다.[142]

메이첸은 20세기 초 주류 장로교회에서 갈라져 나온 커다란 보수 진영의 지도자였다. 누구도 그에 대해 교리의 건전성이 부족했다거나 신학적 논쟁거리들에 무관심했다고 비난하기는 어렵다. 그런 그가 이런 사안에 대한 견해 차이로 "그리스도인의 교제"가 위태롭게 되어서는 안 된다고 호소했던 것을 생각해 볼 필요가 있다.

오늘날 교회 안에 다양한 천년설이 존재한다는 사실로부터 우리는 무언가를 혹은 누군가를 판단할 때 겸손함과 신중함을 잃지 말아야 함을 또한 깨닫게 된다. 결코 교리적 최소주의라고 비난할 수 없는 교회의 수많은 보수적인 교사들조차 천년설에 있어서는 어느 하나의 입장을 취하는 것을 피하려고 한다. 예를 들어 R. C. 스프로울은 종말론에 관한 자신의 책에서 마지막 장을 천년설에

---

142 J. Gresham Machen, *Christianity and Liberalism* (New York: Macmillan, 1923), 49.

할애하는데, 거기서 그는 단순히 여러 가지 다른 견해들을 소개할
뿐 어느 하나의 입장을 취하는 것을 삼간다.[143] 또한 '하나 됨'의 중
요성을 보다 더 강조하는 목사들도 있다. 워싱턴 DC에 있는 캐피
톨힐 침례교회의 담임목사인 마크 데버는 9Marks의 동료 목사들과
마찬가지로 지역 교회가 어떻게 기능해야 할지에 대해 깊은 고민을
했다. 2009년에 그는 교회가 천년에 관한 견해 차이 때문에 분열하
는 일이 있어서는 안 된다고 다음과 같이 강력하게 호소했다.

> 천년에 대해 당신이 무엇을 믿든지, 즉 이 천년을 어떻게 해석하든지
> 간에, 그것은 우리가 하나의 회중을 이루기 위해 반드시 생각의 일치
> 를 보아야만 하는 부분은 아니다. 주 예수 그리스도께서는 요한복음
> 17장 21절에서 그리스도인들이 하나가 되게 해달라고 기도하셨다. 물
> 론 참된 그리스도인이라면 그들은 모두 하나이다. 왜냐하면 그들 안
> 에는 그리스도의 영께서 내주하시는데, 그 성령님은 한 분이시며, 따
> 라서 모두가 그 '하나 됨' 안에서 사는 것을 열망하기 때문이다. 그러
> 나 그 '하나 됨'은 우리가 살아가고 있는 이 세상에 분명한 증거로 나
> 타나야만 한다…따라서 지금 내 말을 듣고 있는 목사들이 교인들에
> 게 천년에 관한 특정한 견해를 담고 있는 신앙선언문을 받아들이도록
> 하는 일은 죄라는 것을 알게 된다면 그것은 내 뜻을 올바로 이해한 것

---

143 R. C. Sproul, *The Last Days according to Jesus: When Did Jesus Say He Would Return?* (*Grand Rapids, MI: Baker*, 1998), 193-203.

이다. 나는 하나의 지역 교회 안에서 그리스도인이 하나 되기 위해 그 문제에 굳이 같은 견해를 가져야만 하는 이유를 모르겠다.[144]

이러한 호소가 옳은 것이고, 따라서 이 천년에 관한 문제 때문에 교회가 갈라져서는 안 된다는 것이 맞는 말이라 하더라도, 그렇다고 해서 이 천년에 관한 내용이 중요하지 않다는 뜻은 물론 아니다. 하나님이 우리의 유익을 위해 요한계시록 20장 1-6절 말씀에 영감을 불어넣으셨으므로, 할 수 있는 한 최선을 다해 이 말씀을 배우고 적용하는 것이 우리의 책임이다. 요점은 한 교회 안에서든 혹은 또 다른 상황에서든 그리스도인의 '하나 됨' 안에서 우리는 그 차이점을 놓고 토론할 수 있다는 것이다. 2009년 존 파이퍼는 천년에 관해 각각의 견해를 대표하는 이들과 토론의 장을 열어 이와 같은 진심 어린 대화의 모델을 제시했다.[145] 이 자리에 함께했던 모든 이들이 올바른 성경 해석에 대해 깊은 열정을 보이면서도, 동시에 복음 안에서 형제애를 지키며 서로의 차이점에 대해 토론하는 모습을 지켜보는 것은 참으로 유익한 기회였다.

---

144 이 설교문은 다음 글에 게재됨. Justin Taylor, "Dever: 'You Are in Sin If You Lead Your Congregation to Have a Statement of Faith That Requires a Particular Millennial View,'" The Gospel Coalition, July 14, 2009, https://www .the gospel coalition. org/blogs/justin-taylor/dever-you-are-in-sin-if-you-lead-your.

145 구체적으로 Jim Hamilton(남침례 신학교 신약학 교수), Sam Storms(오클라호마시티의 브리지웨이교회 목사), Doug Wilson (아이다호 모스코우의 크라이스트교회 목사)가 참여했다. 2009년 9월 27일 행해진 "An Evening of Eschatology,"라는 제목의 토론은 https://www.desiring god.org/interviews/an-evening-of-eschatology에서 볼 수 있다.

그리스도인이 창조의 날 때문에 분리해서는 안 되는 이유

이제 다시 처음으로 돌아가보자. 오늘날 교회에서, 적어도 내가 있는 미국에서는, 가장 논란이 되는 이슈 중의 하나가 바로 창세기 1장에 나오는 창조의 날에 대한 해석의 문제다. 기독교 라디오 방송의 한 진행자가 어느 날 내게 말하길, 일단 방송에 나가기만 하면 어떤 입장에서 그것을 전하든 청취자들로부터 엄청난 전화를 받게 되는 주제가 세 가지 있는데, 그것은 바로 '인종차별', '도널드 트럼프' 그리고 '창조'라는 주제이다.

"신학적 선별작업"을 대중화하는 데 앞장섰던 앨버트 몰러 (Richard Albert Mohler Jr.)는 젊은 지구 창조론을 공개적으로 지지하는 인물이다. 그럼에도 그는 창조의 날에 관한 논쟁은 제3 순위 교리라고 지적하며, 때문에 자신은 정반대 입장에 서 있는 친구들도 많을 뿐만 아니라 그런 이들을 교수로 고용하기도 한다고 말한다.[146] 이 논쟁에 대해 몰러가 매긴 순위에 입각하여 몇 가지만 짧게 언급하고자 한다.

천년설 논쟁과 마찬가지로 창세기 1장에 관한 견해 차이 역시 다른 교리들에 비해 지역 교회의 형성이나 예배, 전도, 복음 증거 등에 실천적인 관련성이 별로 없다. 물론 젊은 지구 창조론자들 중

---

146 이 말은 존 콜린스(C. John Collins)와 토론하던 중에 나온 말이다. "Does Scripture Speak Definitively to the Age of the Universe?," held at Trinity Evangelical Divinity School in February 2017. See http://henry center .tiu .edu/resource/genesis-the-age-of-the-earth-does scripture-speak-definitively-on-the-age-of-the-universe.

에는 이러한 주장에 반박하는 이들도 있고, 심지어 어떤 이들은 창세기 1장의 날들을 24시간이 아니라고 해석하면 복음에 심각한 해를 끼치게 되므로 이것은 명백한 제1 순위 교리라고 주장하기도 한다. 또 어떤 이들은 만약 성경의 첫 장을 문자 그대로 읽지 않고 그렇게 "타협"해 버리면 다른 곳에서는 그렇게 못할 것이 뭐가 있냐고 외친다. 개중에는 인간의 타락 이전에 동물의 죽음을 인정하면 하나님을 악의 창시자로 만드는 꼴이라고 주장하는 이들도 있다. 이에 대한 지지자들은 자신들의 견해를 매우 거침없이 주장하고 있으며, 미국의 상당수 복음주의 교회들은 이를 널리 받아들이고 있다.

우리는 다시 한 번 지나간 역사를 통해 이 양편의 시각을 깊이 있게 들여다볼 수 있다. 창조의 날에 관한 내용은 심지어 다윈의 등장 이후에도 늘 그렇게 분열의 단초가 되지는 않았다. 복음주의 진영, 특히나 미국의 복음주의 진영에서는 1960년대 이후부터 창조에 관한 논쟁이 다소 기이하고 편협한 방식으로 발전해 왔다.

예를 들어 19세기와 20세기 초에 수많은 보수적 개신교인들이 더 오랜 지구와 더 오랜 우주를 보여주는 지질학적 데이터를 창세기 1장과 주저 없이 융합하려고 시도했다. 메이첸과 같이 신학적 자유주의를 비판했던 주요 인물들과 워필드와 같이 성경에 관한 정통 견해를 지키려 했던 이들도 오랜 지구와 오랜 우주를 인정했으며, 그것을 창세기 1장에 적용하는 것을 전혀 문제시하지 않았다. 그리고 이는 다양한 지역의 다양한 전통을 대표하는 수많은 기독교 지도자들에 대해서도 마찬가지라고 할 수 있다. 침례교 설교 자인 찰스 스펄전, 스코틀랜드의 성직자인 토마스 찰머스(Thomas Chalmers), 네덜란드의 개혁주의 신학자인 헤르만 바빙크, 미국 복 음주의의 지도자인 칼 헨리, 영국의 존 스토트까지 그 예는 이루 말할 수 없이 많다.[147]

찰스 스펄전을 예로 들어보자. 다윈이 『종의 기원』을 펴내기 4년 전인 1855년 6월 17일, 스펄전은 성령님에 관한 설교에서 창세기 1 장 2절을 인용하여 다음과 같은 주장을 펼쳤다.

> 우리는 이 지구가 얼마나 오래 전에 창조되었는지 알 수 없다. 다만
> 아담 이전에 수백만 년이 흘렀다는 것은 분명하다. 이 행성은 여러 단
> 계의 존재 형태를 지나왔고, 다양한 종류의 피조물이 그 위에 살았는
> 데, 그 모든 것을 다 하나님이 지으신 것이다.[148]

계속해서 스펄전은 창조의 과정에서 혼돈 가운데 질서를 세우 시는 성령님의 역할을 설명했으며, 이 역할을 감당하시는 성령님 의 능력을 강조하기 위해 존 밀턴(John Milton)의 시를 인용했다. 몇 달 후 그는 설교를 통해 다음과 같이 주장했다.

---

147 추가적인 자료로는 Ronald L. Numbers, *The Creationists: From Scientific Creationism to Intelligent Design*, 2nd ed. (Cambridge, MA: Harvard University Press, 2006), and Darwin, *Creation, and the Fall: Theological Challenges*, ed. R. J. Berry and T. A. Noble (Nottingham, UK: Apollos, 2009).

148 Charles Spurgeon, sermon 30, "The Power of the Holy Ghost," in *The Complete Works of C. H. Spurgeon*, vol. 1, Sermons 1 to 53 (Cleveland, OH: Pilgrim, 2013), 88.

우리는 하나님이 혼돈의 물질을 가지고 사람이 살기에 적당한 곳을 만드시기 이전에, 그리고 그분의 놀라운 능력으로 친히 사람을 지으시기 전에 죽거나 사라졌을 수 있는 다양한 종의 피조물을 그 위에 두시기 이전에, 이미 수천 년의 시간이 있었음을 발견했습니다.[149]

어쩌면 가장 놀라운 점은 스펄전이 아담 이전에 수백만 년의 시간이 있었음을 인정했다는 것 자체가 아니라, 그가 설교 중에 대단한 논증이나 어떠한 우려의 목소리도 없이 이러한 개념을 받아들이면서도 아무런 불안감이나 어려움을 보이지 않았다는 점이다.

스펄전의 시대가 지나고 많은 변화가 있었다. 창조를 바라보는 시각은 더욱 양극화되었는데, 이는 1920년대 스콥스 재판(the Scopes trial, 미국 테네시 주의 과학 교사였던 존 스콥스는 당시 공립학교에서 진화론을 가르치지 못하게 했던 법률을 어기고 진화론을 가르쳤다는 이유로 1925년 7월 21일 재판에 넘겨졌고 벌금형의 판결을 받았다. 이 재판은 곧 미국 전역에 알려졌고, 기독교 내에서도 근본주의와 자유주의 사이에 격론을 일으키는 계기가 되었다. 진화론을 다루었다는 의미에서 "원숭이 재판"이라고도 불린다. -역자주)이나 1961년에 출간된 『창세기 대홍수(The Genesis Flood)』라는 책[150]의 영향으로 "젊은 지구 창조론자" 운동이 시작된 이후 창조와 진화의 논쟁

---

149 Charles Spurgeon, sermons 41 - 42, "Unconditional Election," in *The Complete Works of C. H. Spurgeon*, 1:122.

150 John C. Whitcomb and Henry M. Morris, *The Genesis Flood: The Biblical Record and Its Scientific Implications* (Philadelphia: Presbyterian and Reformed, 1961).

이 미국 문화 안에서 보다 공공연하고 가시적인 화약고가 되면서 일어난 현상이다. 이전에는 대부분의 그리스도인이 젊은 지구 창조론을 고집한다거나 혹은 그것을 보수적인 견해나 가장 기본적인 견해로 널리 인식하지는 않았다. 20세기 초에 엄청난 인기를 끌었던 스코필드 주석 성경은 일종의 오랜 지구 창조론인 간격 이론(the gap theory, 창세기 1장 1절의 첫 번째 창조와 1장 3절부터 시작되는 두 번째 창조 사이에 엄청난 시간적 간격이 있다고 하는 이론이다. 이러한 시간 간격이 생긴 이유는 첫 번째 창조 이후에 사탄의 반란이 있었고, 하나님이 큰 홍수를 일으켜 온 인류를 멸망시키셨기 때문이라고 한다. 그렇게 첫 번째 창조 세계가 멸망당한 상태가 바로 창세기 1장 2절에 기록된 "땅이 혼돈하고 공허하며 흑암이 깊음 위에 있는" 상태라는 것이다.-역자주)을 지지했다. 또한 스콥스 재판에서 고발인 측을 대표했던 윌리엄 제닝스 브라이언(William Jennings Bryan)은 날-시대 이론(Day-Age Theory)을 취했는데, 이 또한 오랜 지구 창조론자들이 창세기 1장을 보는 하나의 해석 방식이다.[151] 당시 이러한 견해들이 굉장히 보편화되어 있어서, 놀랍게도 보수적인 복음주의 계열의 무디 출판사에서는 "6일을 문자적으로 고집하게 되면 구독자들의 심기를 건드릴 수도 있다"는 우려에 『창세기 대홍수』에 대한 출간을 거부하기까지 했다.[152]

---

151 19세기 토머스 찰머스를 통해 대중화된 간격 이론은 창세기 1장 1절과 1장 2절 사이에 간격이 있다고 주장하는 반면, 날-시대 이론은 그 "날들"을 오랜 시간의 시대로 본다.

152 Matthew Barrett and Ardel B. Caneday, introduction to *Four Views on the Historical Adam*, ed. Matthew Barrett and Ardel B. Caneday, Counterpoints (Grand Rapids, MI: Zondervan, 2013), 19.

팀 켈러는 이를 다음과 같이 정리한다.

교회 안팎에 그것과는 정반대의 인상이 널리 퍼져 있었음에도 19세기에 다윈의 이론이 처음 알려졌을 때 보수적이고 복음주의적인 개신교의 전통적인 응답은 근대의 창조 과학과는 달랐다…『근본 원리』(*The Fundamentals*)라는 책(1910-1915년에 출간되었고, 이 책에서 "근본주의자"라는 용어의 정의를 내림)의 편집을 맡았던 근본주의자 R. A. 토레이는 "성경의 무오성을 철저히 믿으면서도 특정한 형태의 진화론자가 되는 것"은 가능하다고 말했다. 성경의 무오성 교리를 규정한 프린스턴 출신의 B. B. 워필드(1921년 별세)는 하나님께서 생명체를 일으키시기 위해 진화와 같은 것을 사용하셨을지도 모른다고 믿었다.[153]

게다가 그리스도인들이 창세기 1장을 다르게 읽은 것은 근대 시대에 들어와서만 일어난 일도 아니다. 우주의 나이에 대한 과학적 발견으로 인해 부담이 가해지기 한참 전인 초대 교회에서도 많은 이들이 창세기 1장의 날들은 24시간의 기간이 아니라고 믿었다. 예를 들어 성 아우구스티누스는 4세기와 5세기에 창세기에 대한 다른 형식의 주석을 몇 편 썼는데, 마지막으로 창세기에 대한 "자구적" 주석을 쓰면서 그는 다음과 같이 이 문제의 어려움을 강조했다. "우리가 아무리 집중력을 발휘하고 정신을 선명하게 가다듬는

---

153 Tim Keller, *The Reason for God: Belief in an Age of Skepticism* (New York: Dutton, 2008), 262n18.

다 하더라도 이 6일에 대한 저자의 의도를 꿰뚫기란 참으로 힘들고 지극히 어려운 일이 아닐 수 없다."[154]

아우구스티누스는 이토록 고군분투하는 모습은 창세기 1장에 대한 해석을 너무도 명백하고 상식적인 것이라고 주장하는 사람들과는 사뭇 대비된다. 궁극적으로 우리가 아는 24시간의 날과 창세기 1장에서의 "날"의 관계에 대해 아우구스티누스는 "그 둘은 전혀 같은 것이 아니며, 매우 매우 다른 것이다."[155]는 사실은 의심의 여지가 있을 수 없다고 주장했다. 아우구스티누스는 하나님이 보여 주시는 7일 간의 창조는 인간이 그분의 신성한 창조를 이해할 수 있도록 하시기 위해 사람이 살아가는 일주일에 비유하셨던 것이라고 이해하고 있었다. 아우구스티누스가 이러한 입장을 취하게 된 데는 여러 가지 성경 본문 상의 이유가 있다. 우선 넷째 날 광명체가 만들어지기도 전에 첫째 날에 이미 빛이 있었다는 문제가 있고, 창세기 2장 4-6절에 나타나는 시간 순서의 문제가 있으며, 그리고 일곱째 날에 하나님이 쉬셨다고 말하는 것 등이 그러한 이유들이다.[156]

초기의 그리스도인들은 동물의 죽음에 대해서도 오늘날의 보편

---

154 Augustine, *On Genesis: A Refutation of the Manichees*, . . . *The Literal Meaning of Genesis*, trans. Edmund Hill, ed. John E. Rotelle (Hyde Park, NY: New City, 2002), 241.

155 Augustine, *Literal Meaning of Genesis*, 267.

156 나는 다음의 책에 아우구스티누스의 견해를 보다 자세히 담았다. Gavin Ortlund, *Retrieving Augustine's Doctrine of Creation: Ancient Wisdom for Current Controversy* (Downers Grove, IL: IVP Academic, 2020).

적인 생각과는 다른 직관을 가지고 있었다. 하나님의 창조에 대한 마니교의 비판에 답하면서 아우구스티누스는 다음과 같이 타락 이전에 동식물의 죽음이 갖는 선한 의미를 강력히 수호했다.

> 짐승이나 나무, 기타 유한하고 변할 수밖에 없는 것들에 대해 지능과 감각, 혹은 생명이 없다는 이유로 그러한 결핍을 정죄하는 것은 터무니없는 일이다. 왜냐하면 이러한 피조물들은 창조주의 뜻에 따라 각각에 합당한 존재를 부여받는 것이며, 그러한 결핍을 통해 그것들의 부패할 수밖에 없는 본성이 종식되기 때문이다.[157]

암브로스와 바질은 창조의 날에 관해 다루면서 하나님이 육식동물을 창조하신 일에 담겨 있는 지혜를 강조했다. 예컨대 바질은 하나님이 어떻게 동물의 왕국을 지으셨는지에 대해 다음과 같이 성급한 판단을 경계했다.

> 창조주께서 인간의 삶을 파괴하고 대적하는 맹독을 가진 동물들을 만드신 것에 대해 누구도 그분을 비난해서는 안 된다. 선생이 회초리와 채찍으로 젊은이의 방종을 훈육하여 이치를 바로 세우려 할 때 그와 같은 행동을 범죄로 보겠는가?[158]

---

157 Augustine, *The City of God* 12.4, trans. Marcus Dods (New York: Modern Library, 2000), 383.

158 Basil, *Hexaemeron 9.5, in Basil, Letters and Selected Works, vol. 8 of Nicene and Post-Nicene Fathers*, ed. Philip Schaff and Henry Wace, trans. Blomfield Jackson (Peabody, MA:

중세 시대에 토마스 아퀴나스는 "마치 지금은 본성적으로 다른 것의 살을 뜯어먹고 사는 사자와 매 같은 동물들이 전에는 풀을 먹고 살기라도 했던 것처럼 인간의 죄로 인해 동물의 본성이 바뀐 것은 아니다."[159]라는 생각을 고수했다.

이와 같은 역사적 배경 하에서 오늘날의 창조에 관한 논쟁을 바라볼 수 있다. 즉 창세기 1장을 "역사적으로" 읽는 것을 주장하는 많은 이들도 거기서의 날을 24시간으로 해석하지는 않는다는 사실을 알 수 있게 해준다. 핵심 쟁점은 창세기 1장이 역사를 기술하고 있느냐의 여부가 아니라 그 방법이다. 사실상 모든 주석가들이 창세기 1장 1절에서 2장 3절의 본문과 그 외의 나머지 부분 사이에 용어와 문체의 차이가 있다는 것뿐만 아니라, 보다 축약적이고 회화적인 창세기 1-11장의 내러티브와 그 이후 창세기 12-50장 사이의 내러티브 사이에도 그와 같은 용어와 문체의 차이가 있음을 인정한다.[160] 성경에는 역사적 사건을 전달하기 위해 다양한 문학적 장르가 사용되며, 상당수의 역사적인 본문들에 특정한 문체나 상징, 혹은 고결한 문구들이 담겨 있다. 시편 18장에서 구원을 묘사하는 다윗의 시적인 표현, 스가랴 1-6장에 나오는 밤의 이상, 사사기 5장에 있는 드보라와 바락의 노래, 그리고 요한계시록에 기

Hendrickson, 1994), 105.

159 Thomas Aquinas, *Summa theologica*, I, q. 96, art. 1, trans. Fathers of the English Dominican Province (Notre Dame, IN: Christian Classics, 1948), 486.

160 이 점에 대한 풍부한 설명은 다음의 책을 보라. see J. I. Packer, "Hermeneutics and Genesis 1 - 11," *Southwestern Journal of Theology* 44, no. 1 (2001).

록된 요한의 종말론적 이상들은 모두 과거 역사에서 일어난 일들과 관련되어 있다. 하지만 이러한 본문들을 고대 전기문학의 장르에서 널리 사용되던 것과 같은 방식으로 마치 복음서를 읽듯이 읽는 것은 해석학적으로 부주의한 일이라 할 수 있다. 우리는 창세기 1장과 같이 역사적 사건을 기술하고 있는 각각의 본문에 어떤 문학적 특성이 있는지를 밝혀 그 의미를 올바로 이해하기 위해 힘써야 한다.[161]

창조론 논쟁에 대해서는 언급해야 할 것이 훨씬 더 많지만, 여기서 이야기한 것들을 통해 적어도 우리가 앞으로 조금 더 겸손해지고 마음을 열게 되기를 바랄 뿐이다. 다음과 같이 생각해 보라. 만약 당신이 속한 교회나 신학 진영 안에서 창세기 1장의 날을 오직 24시간으로만 해석하려 한다면 당신은 아우구스티누스와 찰스 스펄전, B. B. 워필드와 칼 헨리 같은 그리스도인들을 받아들이지 않는 것이 된다. 이것이 옳은 일이겠는가? 바로 이런 경우야말로 매우 신중한 신학적 선별작업이 요구되는 상황이다.

이 정도 사안은 우리의 의견이 좀 달라도 한 교회 안에서 즐겁게 공존하는 데 아무런 문제가 되지 않으며, 복음 안에서 '하나 됨'을 위태롭게 할 수 없다. 오히려 우리는 전통적으로 그리스도인들이 강조해 왔던 것, 그리고 광의의 유대-기독교적 세계관과는 구별

---

161 이에 대한 좋은 자료는 다음을 보라. Philips Long, *The Art of Biblical History*, Foundations of Contemporary Interpretation (Grand Rapids, MI: Zondervan, 1994).

되는 창조 교리의 몇몇 측면들, 예를 들어 무에서의 창조라든가 타락의 역사적 사실성, 하나님의 형상으로 지음 받은 인간 등과 같은 것들에 더욱 초점을 맞추어야 할 것이다. 이런 것들이 보다 목숨을 걸 만한 가치가 있는 교리들이다.

싸우지 않을 수 있을 만큼 강함

친구 중에 하나가 아들과 함께 태권도를 배우는데, 그는 아들이 그것을 배우는 것에 대해 기쁘게 생각하는 이유를 이렇게 설명했다. "괴롭힘을 당할 때 자신을 보호하는 데 도움이 될 것이다. 하지만 이보다 더 중요한 것은 애초에 괴롭힘 당하는 일이 없도록 행실을 바르게 하는 데 도움이 된다." 나는 그 친구의 설명에 참 깊은 뜻이 담겨 있다고 생각했다. 싸움에서 이길 수 있는 힘이 있으면 싸움을 아예 피하는 것도 가능한 경우가 많기 때문이다.

같은 맥락에서 우리는 싸움을 피하는 것은 결코 약함을 드러내는 것이 아니라는 생각을 해야 한다. 오히려 우리의 삶과 신학에서는 그와 정반대인 경우가 훨씬 자주 있다. 싸움을 피하는 일은 싸우는 일보다 더 깊고 고귀한 힘이 필요한 것이다.

교리를 진지하게 생각하는 그리스도인들은 이 점을 기억해야 한다. 특히 제3 순위 교리에 관해서는 더욱 그렇다. 우리는 진리를 위해서라면 기꺼이 싸우고자 할 뿐 아니라, 복음을 전하기 위해서는 기꺼이 싸움을 피하고자 하는 그러한 신학적 신념과 힘을 기르기 위해 최선을 다해야 한다. 그것이야말로 최고의 힘이다.

결론 :
신학적 겸손의 필요성

주후 410년 혹은 411년 경에 디오스코러스라는 사람이 아우구스티누스에게 편지를 써서 키케로의 대화 중 어떤 부분을 어떻게 해석해야 하는지 물었다. 아우구스티누스는 디오스코러스에게 쓴 답장에서 세상의 학문을 "무지한 지식"이라 부르며 그 덧없음을 경고하는 데 많은 공을 들였다.

그 대신 아우구스티누스는 그리스도의 성육신을 통해 우리에게 전해진 복음의 겸손함을 더 높이 추앙했다. 그러고는 디오스코러스에게 그리스도께서 우리를 위해 닦아 놓으신 길 외에 "다른 길에서…진리를 찾거나 붙잡으려 하지 말라"고 촉구했다. 그런데 그리스도의 길 위에서 신학을 한다는 것은 무엇을 의미하는가? 아우구스티누스는 다음과 같이 설명했다.

이 길은 첫째도 겸손이고, 둘째도 겸손이며, 셋째도 겸손이오. 그대가 내게 아무리 묻고 또 물어도 내 대답은 시종여일(始終如一)하오. 이는 다른 법도에 대해서는 설명할 것이 없어서가 아니오. 다만 우리의 모든 선행을 겸손으로 온통 휘감지 않는다면, 즉 우리의 앞과 뒤와 좌우에 겸손을 두르고 그것만을 바라보며, 거기에만 의지하고, 그 울타리 안에만 거하려 하지 않는다면, 어느새 우리가 행한 그 모든 선행은 교만의 먹이가 되어버릴 것이며, 우리는 시나브로 그러한 자멸의 행위 가운데서 기쁨을 취하고 있게 될 것이오…기독교 신앙이 가르치는 법도에 대해 그대가 묻는다면 다른 긴박한 필요가 있지 않는 한 나는 언제나 그 핵심은 겸손이라 답할 것이오.[162]

내가 진심으로 바라는 바는 아우구스티누스의 이 경고가 얼마나 중요한 것인지 우리가 알게 되는 것이며, 그러한 목적을 이루는 데 이 책이 조금이라도 기여했으면 하는 것이다. 신학적 선별작업은 그 첫째도 겸손이요, 둘째와 셋째도 마찬가지다. 어떤 사안을 다루든 그것이야말로 우리가 잃지 말아야 할 것이다.

겸손이 그토록 중요한 이유

이 책을 준비하면서 인터뷰를 했던 한 목사가 내게 유익한 이야기를 들려주었다. 사람들이 교회의 지도자에게 교리에 대한 질문

---

162 Augustine, "Letter 118, Augustine to Dioscorus," trans. Wilfrid Parsons, in *The Fathers of the Church*, vol. 18 (New York: The Fathers of the Church, 1953), 282.

을 할 때 때로는 겸손한 태도로 다가오는 이들이 있다. 예를 들어, 질문을 하고 자신이 몰랐던 새로운 정보에 마음을 열고자 하는 것이다. 그런 이들은 자기가 이미 그 쟁점에 대해 완벽하게 알고 있다는 생각을 하지 않는다. 반면에 어떤 이들은 안타깝게도 겸손함이나 열린 마음 없이 신학적 견해 차이에 대해 떠벌린다. 자신의 시각이 100퍼센트 정확하지 않을 수도 있다는 생각은 하지 않은 채 그저 비판과 비난, 그리고 공격할 생각만 하는 것이다.

인터뷰를 했던 그 목사는 이처럼 겸손이 있고 없고의 차이가 일반적으로 해당 사안 그 자체보다 평화롭고 유의미한 논의의 성과를 가져오는 데 훨씬 더 중요한 요인이라고 말해 주었다.[163] 아주 중대한 차이점이 있더라도 겸손하고 너그러운 마음으로 토론에 임하면 대화는 진척되기 마련이다. 반면에 상대적으로 중요도가 적은 교리라 할지라도 특권의식이나 오만한 태도로 접근하면 그러한 견해 차이는 어마어마한 파멸을 야기할 수도 있다.

이러한 관찰 결과는 내가 이 책의 결론을 쓰는 데 무척 큰 영향을 미쳤으며, 이 책의 주제, 곧 교리를 둘러싸고 분열이 일어나는 이유는 단순히 그 내용 때문만이 아니라 그것을 주장하는 태도와도 관련이 있다는 생각과 일맥상통하는 것이기도 하다. 신학적 선별작업을 하는 데 가장 큰 장애물이 되는 것은 신학적 기술이나 요령의 부족이 아니라 바로 겸손의 부족이다. 기술의 부족은 그저 발

---

163 J. A. Medders는 2019년 3월에 행한 인터뷰에서 이와 같은 유익한 이야기를 내게 해주었다.

달이나 배움의 문제일 수 있지만, 질문은 없고 오직 답만 가진 채 자기 확신과 거만한 정신으로 신학적 견해 차이에 다가간다면 사실상 분쟁은 피할 수 없는 것이 된다.

그러므로 우리는 겸손한 마음으로 우리와 신학적 견해가 다른 사람들을 대면해야 한다. 우리가 올바로 이해하고 있는지 질문해야 하고, 우리의 시각이 완벽하지 못함을 잊지 말아야 하며, 항상 우리가 다 볼 수 없는 부분이 있음을 이해하는 가운데 성장을 추구해야 한다. 신학을 대하는 우리의 태도는 언제나 존 F. 케네디 대통령의 책상 위 나무 명판에 새겨진 브르타뉴 노인의 기도와 같아야 한다. "오 하나님, 주님의 바다는 너무도 광대하나, 저의 배는 너무도 작습니다."

사실 원리적으로야 자신에게 사각지대가 있음을 인정하는 것은 쉬운 일이다. 하지만 그것을 인정한 후에 사람들과의 실제적인 관계 속에서 눈에 띄는 변화를 일구어 내는 것은 바로 겸손이다. 겸손을 통해 질문을 좀 더 명확히 할 수 있게 되고, 공통의 관심사를 더욱 더 찾아가게 되며, 대립하는 이해관계를 보다 분명하게 알게 될 뿐만 아니라, 성급하게 결론으로 치닫지 않을 수 있다.

삶과 신학에서 가장 다루기 어려운 문제는 보통은 단순한 무지 때문에 발생하는 것이 아니라 무지에 대한 무지 때문에 생겨난다. 즉 그것은 가보지 않은 땅이 아닌 아예 지도 밖에 있는 곳이다. 그렇기 때문에 겸손이 그토록 중요한 것이다. 겸손을 통해 우리는 우리가 모르는 것과 우리가 모른다는 것을 모르는 것 사이의 차이점을 세밀하게 인식하며 인생의 길을 찾아 나가는 법을 배우게 된다. 이로써 우리는 신학적 견해 차이에 대해서도 남의 의견을 경청하며 배우고자 하는 의지를 갖게 되고, 또한 마음을 열고 새로운 것을 받아들이거나 우리의 시각을 조정할 수 있게 되는 것이다. 자만심은 우리를 침체시키나 겸손함은 우리에게 활력을 준다.

어떤 이는 지나치게 겸손에만 초점을 맞추면 우유부단하게 될까 우려한다. 그러나 겸손과 강함은 서로 반대말이 아니다. 그와는 반대로 하나님의 말씀 앞에서 떠는 이야말로 인간적인 방해에 더욱 굳건히 맞설 수 있다. 마르틴 루터의 용기를 생각해 보라. 젊은 사제였던 그는 미사를 집례하는 것이 너무도 두려워 포도주를 흘리기까지 했지만, 그럼에도 그는 하나님의 말씀 위에 서서 극악무도한 방해에 맞서지 않았던가. 스펄전은 이를 다음과 같이 묘사했다. "나는 마르틴 루터가 지옥에서 온 마귀라도 아무런 두려움 없이 상대할 수 있었을 것이라고 믿는다. 그런가 하면 우리는 그가 설교하기 위해 섰을 때 무릎이 덜덜 떨렸다고 고백했던 사실 또한 알고 있다."[164]

이사야 66장 2절에서 하나님은 다음과 같은 속성을 높이 보시고 칭찬하신다.

---

[164] Charles Spurgeon, sermon 2071, "Trembling at the Word of the Lord," in *The Complete Works of C. H. Spurgeon*, vol. 35, *Sermons 2062 to 2120* (Cleveland, OH: Pilgrim, 2013). Steven J. Lawson, *The Heroic Boldness of Martin Luther* (Sanford, FL: Reformation Trust, 2013), 99에 인용됨.

무릇 마음이 가난하고 심령에 통회하며

내 말을 듣고 떠는 자

그 사람은 내가 돌보려니와

이 책의 관심사는 특정 사안에 대한 나의 판단을 다른 이들에게 설득시키는 것이 아니다. 오히려 나는 설사 우리가 견해를 달리 한다 하더라도 하나님의 말씀 앞에서 떠는 마음으로 그렇게 하기를 바란다. 신학적 선별작업의 근거이자 목표가 바로 이러한 태도이다. "만일 누구든지 무엇을 아는 줄로 생각하면 아직도 마땅히 알 것을 알지 못하는 것이요 또 누구든지 하나님을 사랑하면 그 사람은 하나님도 알아 주시느니라" (고전 8:2-3).

겸손은 '하나 됨'의 통로임

건전한 교리를 수호하는 데 전념하는 그리스도인들이 있다. 뭐, 좋은 일인 건 사실이다. 그런데 우리가 그렇게 철통같이 지키려 하는 교리들 중에 그리스도의 하나 된 몸도 들어 있는가? 1장에서 살펴본 바와 같이 교회의 '하나 됨'은 그리스도께서 친히 죽으심으로써 이루고자 하셨던 목적들 중의 하나이다(엡 2:14). 신약 성경 안에서 다른 어떤 것들 못지않게 우리가 소중히 여기고 붙들어야 하는 것이 바로 이것이다. 따라서 신학에 대한 열정이 그리스도 안에서 실제 형제자매 된 자들을 향한 열정보다 더 앞서는 일은 결코 있어서는 안 된다. 우리는 사랑을 통해 구별되어야 한다. 나의 아버지

가 항상 하시던 말처럼, 우리는 복음의 교리와 복음의 공동체를 함께 추구해야만 한다.[165]

신약 성경에서 보면 겸손은 '하나 됨'을 향해 나아가는 통로임을 알 수 있다. 예를 들어 바울은 빌립보 교인들에게 "마음을 같이하라"(빌 2:2)고 권면한 후에 "겸손한 마음으로 각각 자기보다 남을 낫게 여기고"(2:3), 그리스도께서 복음 안에서 그들에게 하신 행동을 본받으라(2:5-11)고 호소한다.

또 로마서 14장에서 바울은 다시 한 번 '하나 됨'을 호소한다. 여기서 문제가 되고 있는 사안은 유대인의 음식법과 관련된 갈등이지만, 바울은 그 외에도 여러 사안에 동일하게 적용할 수 있는 원리를 도출해 낸다. 그가 가장 우려를 표하는 것은 로마의 그리스도인들 사이에 서로 믿는 바가 다르다고 해서 그러한 차이 때문에 분열이 일어나서는 안 된다는 것이다. 곧 믿음이 "강한 자"와 "약한 자"가 상호 간에 서로를 용납해야 한다. 구체적으로 그들의 양심이 서로 다른 상황에서 바울은 다른 사람을 받으라(1절)고 하고 그의 의견을 비판하지 말라(1절)고 한다. 또한 서로를 업신여기지 말고(3절), 다른 이를 비판하지 말라(3, 13절)고도 한다. 더 나아가 바울은 "만일 음식으로 말미암아 네 형제가 근심하게 되면 이는 네가 사랑으로 행하지 아니함이라 그리스도께서 대신하여 죽으신 형제를 네

---

165 Ray Ortlund, *The Gospel: How the Church Portrays the Beauty of Christ* (Wheaton, IL: Crossway, 2014).

음식으로 망하게 하지 말라"(15절)고 함으로써 로마의 성도들에게 형제의 양심을 침해하지 않도록 자신의 권리를 내려 놓고 행실을 고치라고까지 말한다.

오늘날에도 마찬가지로 그리스도인들이 서로 다투고, 남을 업신여기고, 비판하고자 하는 유혹을 받을 만한 일들이 많이 있다. 그러나 우리는 "부딪칠 것이나 거칠 것을 형제 앞에 두지 아니하도록"(13절) 하며 문제를 해결해 나가야만 한다. 바울의 권면과 같이 우리는 나를 희생하여 고치는 한이 있더라도 그리스도의 몸 안에서 다른 이들과 하나 되기를 원해야 한다. 만일 그리스도의 하나 된 몸을 지켜 내기 위해 당신에게 아무런 희생도 따르지 않는다면, 즉 그 일이 전혀 고통스럽지 않다면, 그것은 어쩌면 당신의 삶이 충분히 바뀌지 않고 있다는 뜻일지도 모른다.

로마서 14장에 있는 바울의 호소는 각 사람이 그리스도의 심판대 앞에 서게 된다는 사실에 기초해 있다. "네가 어찌하여 네 형제를 비판하느냐 어찌하여 네 형제를 업신여기느냐 우리가 다 하나님의 심판대 앞에 서리라"(10절). 이 사실을 기억하자. 곧 우리가 살면서 말하고 행하는 그 어떤 것 못지않게 신학에 대해서도 우리가 했던 모든 말과 행위가 저 심판대 앞에 다 드러나게 될 것이다. 심판의 날에 그분의 보좌 앞에 서서 우리는 과연 과거에 내가 싸웠던 싸움들 중에 어떤 것을 자랑스러워 할 수 있을까? 모르긴 해도 SNS 상에서 벌였던 설전들은 대부분 거기에 포함되지 않을 것이다.

친구들이여, 교회의 '하나 됨'은 너무도 값진 것이기에 예수님은 그것을 위해 죽으셨다. 만일 우리가 건전한 신학을 중시한다면 그 '하나 됨' 역시 중하게 여겨야 할 것이다.

실제적인 조언

이 책을 읽으면서 당신은 일터나 교회에서, 혹은 당신이 속한 교단이나 기타 다른 관계들 속에서 신학적 선별작업이 야기하게 될 실제적인 결과들을 생각해 보게 될 것이다. 살다 보면 언젠가는 이런 종류의 어려움을 맞닥뜨리게 될 것이며 그것은 누구에게도 예외일 수 없다. 곰곰이 한 번 생각해 보면 사람들과 다른 견해를 취함으로써 그들과의 관계가 불편해지는 일이 있을 수밖에 없는 것이 현실이다. 그럴 때 당신은 어떻게 해야 하는가?

첫째, 정직하라. 설사 우리의 신념 때문에 직분을 수행하는 데 있어서나 교회 생활에서, 혹은 사람들과의 관계 속에서 단절을 경험하게 된다 해도 그 신념을 투명하게 밝혀야만 한다. 그것이 아무리 고통스러울지라도 그렇다고 당신 자신을 속이거나 자신의 견해를 왜곡함으로써 스스로의 양심에 가책을 가할 만한 일은 아니다. 개중에는 상황이 바뀔 때마다 "부화뇌동(附和雷同)"하는 이들이 있다. 어떤 직분에 임직하거나 고용관계를 맺을 때 자신의 생각을 표현하는 일에 대해 당신이 아무리 복잡다단한 상황을 고려한다 할지라도 분명한 사실은 거짓말을 하는 것은 죄라는 것이다. 당신이 어떤 교리 선언문을 "마음에 거리낌 없이" 받아들여야 한다면, 그것은 말 그대로 마음에 거리낌이 없어야 한다는 뜻이다.

둘째, 신중하라. 앞뒤 안 가리고 할 수만 있으면 무작정 내 생각부터 말하고 보는 것이 곧 정직은 아니다. 침묵을 지켜야 할 때도 있고, 묻는 질문에만 답을 해야 할 때도 있다. 예를 들어, 누군가에게 복음을 전할 때나 혹은 기독교적 우애를 다지려고 할 때 처음 나누는 대화나 첫 만남에서는 굳이 꺼내지 않아도 되는 주제가 있다. 그렇게 하는 것은 타협이라 할 수 없으며, 오히려 지혜가 필요한 일이다.

셋째, 관대하라. 지금 이 시대에는 친절함과 정중함이 사라져가고 갈수록 분노가 일상화되어 간다. 그러므로 신학적 견해 차이 속에서 바른 길을 찾아가려 할 때 친절하고 온화하게 대화함으로써 우리는 복음의 진리를 증거할 수 있다. 어떤 이가 당신을 극도로 화나게 할지라도 본성대로 응하지 말고 그에게 사랑과 존중을 표현하라. 신학적 선별작업은 요한복음 13장 35절에서 "너희가 서로 사랑하면 이로써 모든 사람이 너희가 내 제자인 줄 알리라"는 예수님의 말씀을 실천하며 살아갈 수 있는 기회가 된다.

마지막으로, 주님을 신뢰하라. 혹 당신이 교리적 입장을 바꾸더라도 그 또한 하나님의 주권 안에 있는 일이다. 그분은 당신을 주목하고 계시며 당신의 머리카락 한 올까지도 다 세신 바 되었다. 그분이 당신을 인도하고 돌보신다는 것에는 의심의 여지가 없다.

나와 아내가 안식년과 연구년을 맞아 시카고에서 1년 간 지낼 때 우리는 시편 121장 3절 말씀을 주제 성구로 택했다.

여호와께서 너를 실족하지 아니하게 하시며

너를 지키시는 이가 졸지 아니하시리로다

매일 밤 잠자리에 들기 전에 우리는 이 해가 지나고 하나님이 우리를 어떤 곳에 두시든 그분의 선하신 인도를 위해 기도했고, 하나님은 그 기도에 응답하셨다. 지나간 삶을 돌아보면 우리의 교리적 입장이 변할 때마다, 그리고 우리가 소속된 교단이 바뀔 때마다 하나님은 우리를 신실하게 인도하셨고, 그래서 결국에는 이렇게 행복하게 섬길 수 있는 곳으로 인도하셨다.

하나님이 우리의 길을, 또한 우리의 신학적 여정을, 눈동자 같이 지켜보신다는 것은 참으로 힘과 위로가 되는 생각이다! 그분께 소망을 두고 자신의 양심에 진실하라. 그러면 그분께서 가장 합당한 때에 가장 올바른 길을 열어 가실 것이다.

마지막 기도

주님, 때로는 진리를 사랑하지 못함으로써, 때로는 진리에 대한 다툼으로 우리의 형제자매를 사랑하지 못하는 죄를 지었사오니, 우리를 용서하고 도우소서. 우리 중에 신학의 문제로 지나치게 싸우려 드는 이가 있다면 주님께서 주님의 고귀한 신부인 교회의 '하나 됨'을 위하여 죽으셨음을 또한 기억하게 하시고 더욱 더 부드러운 마음을 우리에게 허락해 주소서. 혹 우리 중에 신학에 대한 싸움을 지나치게 피하려 하는 이가 있다면 용기와 굳건함을 주시고 강인한 기개를 우리에게 허락해 주소서. 주님의 말씀을 두렵고 떨림으로 받게 하시옵고, 그리하여 오직 주님만을 두려워하는 자가 되게 하여 주소서. 주님의 가르침을 굳게 붙들면서 동시에 주님의 모든 백성을 품을 수 있는 건강하고 즐거운 균형을 갖출 수 있도록 인도하여 주소서. 아멘.